エスペラント
学力検定試験問題集
-解答付き-
(2016年版)

La Ekzamena Demandaro
de Japana Esperanto-Instituto
- kun respondoj-

一般財団法人　日本エスペラント協会
研究教育部（編）

ご案内

【この本には】

　一般財団法人日本エスペラント協会（JEI）が実施している「エスペラント学力検定試験」の問題のうち、2003年〜2015年に実施したものをもとに載せています。今後の受験の参考にしてください。

・会話試験：各級とも1回分の例しか載せていませんが、毎回同程度の出題となります。

・解答例：ここにあげてある解答例以外にも正答となるものがあります。特に2級と1級の、状況を提示して、それにあった文章を作る問題や、小論文などの解答はあくまでも一例です。また、固有名詞の表記は、問題に指示のない限り、採点に影響ない、としています。

【受験者の方へ】

1　エスペラント学力検定試験とは？

　日本のエスペランティストが学力の進み具合を測れるようにと実施している試験です。上級から初級にかけて、順に1級〜4級の4段階があります。合格者には合格証を授与し、お名前を本協会機関誌『エスペラント／La Revuo Orienta』誌上で発表いたします。

2　試験内容・試験時間

　合格は4、3級では筆記・会話の各々60点以上、2、1級では「筆記・一般」「筆記・文法」「筆記・小論文」「会話」の各々60点以上が条件です。

・1級・・・複雑な内容や言い回しを含めて、エスペラントを自由に使いこなせるレベル。筆記試験は90分で、「一般問題/文法問題/小論文（エスペラント書き）」の計3科目からなり、会話試験は10分以内です。

・2級・・・エスペラントを普通に使いこなせると同時に、文法について人に説明できるレベル。初級講習の講師にふさわしい級です。筆記試験は90分で、「一般問題/文法問題/小論文（日本語書き）」の計3科目からなり、会話試験は10分以内です。

・3級・・・エスペラントについて易しい文の読み書きができて、自己紹介を自発的にできるレベル。筆記試験は60分で、会話試験は5分以内です。『エスペラント日本語辞典』（JEI発行）の中の主見出し語のうち、ランクA550語根、ランクB650語根が使用されます。それ以外の語については、原則的に（注）を付けます。

・4級・・・初級講習を終えた程度の読み書きができて、自己紹介を1問1答形式でできるレベル。筆記試験は60分で、会話試験は5分以内です。『エスペラント日本語辞典』（JEI発行）の中の主見出し語のうち、ランクA550語根が使用されます。それ以外の語につては、原則的に（注）を付けます。

3　受験の機会と申し込み

・毎年の日本エスペラント大会の会期中に1〜4級の各級を実施します。

・毎年のエスペラントセミナリーオの期間中に2〜4級の各級を実施します。

・各地方のエスペラント大会・合宿・その他の機会に3、4級（まれに2級）を実施することがあります。日本エスペラント協会か行事の主催者にお問い合わせください。

・行事等と関わりなく、受験希望のある場合には、随時試験実施の手配を行います。日本エスペラント協会にお問い合わせください。

・受験は、原則として試験日の1週間前までに、日本エスペラント協会か行事の主催者にお申し込みください。

・なお、3、4級の場合は、試験日の前日までに、大会や合宿等の試験責任者までお申し出いただければ、会場の都合がつく限り受験できます。

エスペラント
学力検定試験問題集
-解答付き-
(2016年版)

La Ekzamena Demandaro
de Japana Esperanto-Instituto
– kun respondoj –

一般財団法人　日本エスペラント協会
研究教育部（編）

p.2　ご案内【受験者の方へ】の3　受験の機会と申し込み

・第2項目「毎年のエスペラントセミナリーオの期間中に2〜4級の各級を実施します。」
　⇒　削除（行事形態を変更したため）

・第5項目「受験は、原則として試験日の1週間前までに〜」の文中、
　1週間前 ⇒ 2週間前

p.13　4級筆記試験－8　設問4（10）

Kiu tago estas hodiaŭ? ⇒ Kiu tago de la semajno estas hodiaŭ?

p.16　3級筆記試験－2　設問2の2－3（3）

Ŝi sukcesis la ekzamenon, (　) multe ĝojigis min.

⇒ Ŝi sukcesis en la ekzameno, (　) multe ĝojigis min.

p.22　3級筆記試験－8　設問1の（17）　om ⇒ iom

p.27　2級筆記試験－4　文法問題1の問題文中、

la ĝardenoj Kreskas floroj ⇒ la ĝardenoj kreskas floroj

p.27　2級筆記試験－4　文法問題2の（3）

Vi atingos al la hospitalo post dek minute.

⇒ Vi atingos al la hospitalo post dek minuto.

p.34　4級筆記試験－6　解答1の（1）　鳥 ⇒ 絵

p.34　4級筆記試験－6　解答4（4）

駅の前で私の文通友達が私たちを待っていました。

⇒ 駅の前で私の文通友達が私を待っていました。

p.34　4級筆記試験－6　解答4（6）

彼女の家はとても大きくて、きれいな庭がありました。

⇒ 彼女の家はとても大きくて、きれいな庭があります。

p.36　3級筆記試験－1　解答3の文中、

国際エスペランティスト連盟 ⇒ 国際エスペランティスト教育者連盟

p.38　3級筆記試験－5　解答3の第4文

いろんな国籍の人々がみんながひとつのことばで

⇒ いろんな国籍の人々がみんなひとつのことばで

p.38　3級筆記試験－5　解答4の2行目、　fremdlingvo ⇒ fremda lingvo

p.38　3級筆記試験－6　解答3の第5文、　そこには今だに ⇒ そこには未だに

p.39　3級筆記試験－7　解答1の（8）　数 ⇒ 数字

p.39　3級筆記試験－8　解答2の2－3（3）　kiu ⇒ kiuj

p.39　3級筆記試験－8　解答4の第3文

En tiu vilaĝo fluas rivereto kaj troviĝas lageto.

⇒ En tiu vilaĝo fluis rivereto kaj troviĝis lageto.

p.42　2級筆記試験－3　解答　文法問題2の解答文中、　固定させる ⇒ 固定される

p.43　2級筆記試験－4　解答　文法問題1の（3）　super ⇒ Super

p.45　1級筆記試験－1　解答　文法問題1の（1）の解答文中、　話し相手 ⇒ 話し手

・視覚障がい者の方の点字による受験をご希望の場合には、受験級に関わらず試験日の2か月前までにお申し込みください。

4　受験料（すべて税込）

・1級＝5000円、　2級＝3000円、　3級＝2000円、　4級＝1000円
ただし、高校や高等専門学校などで集団受験（2人以上）し、合否発表を一括して行う場合には、受験料を半額とします。
・受験申し込み後に、日本エスペラント協会に振り込んでください。（郵便振替口座番号については、下記の問い合わせ先を参照のこと。）なお、エスペラント大会・エスペラントセミナリーオ・合宿等での受験の場合には、申し込みの際に、参加費に併せて受験料を支払うことも可能です。

5　同時受験

受験料を両方分お支払いいただければ、3級・4級ないし2級・3級を同時受験できます。
この際、筆記試験の時間は上級相当の時間とし、会話試験は上級相当の内容を実施し、それにより合否を判定します。

6　その他

・辞書その他をみることはできません。
・会話試験は、通例、筆記試験会場と隣接した小部屋で、試験官と受験者の1対1で行います。問答の様子を録音する場合があります。
・筆記試験の時間内に筆記を終了した方は、順に会話試験に移り、終了後に会場を出ることができる場合があります。試験官の指示に従ってください。
・合格・不合格の受験者への通知は、通例、試験の後1か月の間に行います。
・答案用紙は返却いたしません。

【エスペラントの指導者、行事の主催者の方へ】

1　試験の実施

エスペラントの大会・合宿、あるいは講習会の終了時などに「学力検定試験」を実施することができます。日本エスペラント協会研究教育部にご相談ください。なお、本試験は一般財団法人日本エスペラント協会「エスペラント学力検定規程」および「エスペラント学力検定細則」によって運営されていて、問題の作成は学力検定試験委員によります。詳細はお問い合わせください。

2　試験制度の沿革

エスペラント学力検定試験制度は、本協会の前身の財団法人日本エスペラント学会当時の1987年に現在の4段階からなる制度が発足し、一般財団法人日本エスペラント協会に引き継がれ、2016年3月22日に改訂されたものです。なお、1939年には「初等・高等」の2段階の試験制度が発足し、1974年には「初等・中等・高等」の3段階の制度となっていました。

【問い合わせ先】

一般財団法人日本エスペラント協会
〒162-0042 東京都新宿区早稲田町12-3

電話　　　：　03-3203-4581　　　ファクス：　03-3203-4582
郵便振替　：　00130-1-11325
電子メール：　esperanto@jei.or.jp
ホームページ：　http://www.jei.or.jp

目　次

			問題	解答
4級	－	1（筆記/会話）	5	31
	－	2（筆記）	7	31
	－	3（筆記）	8	32
	－	4（筆記）	9	32
	－	5（筆記）	10	33
	－	6（筆記）	11	34
	－	7（筆記）	12	34
	－	8（筆記）	13	35
3級	－	1（筆記/会話）	14	36
	－	2（筆記）	16	36
	－	3（筆記）	17	37
	－	4（筆記）	18	37
	－	5（筆記）	19	38
	－	6（筆記）	20	38
	－	7（筆記）	21	39
	－	8（筆記）	22	39
2級	－	1（一般/文法/小論文/会話）	23	40
	－	2（一般/文法/小論文）	25	41
	－	3（一般/文法/小論文）	26	42
	－	4（一般/文法/小論文）	27	43
	－	5（一般/文法/小論文）	28	44
1級	－	1（一般/文法/小論文/会話）	29	45

1　次の単語の意味を書きなさい。＜20点＞

（1）demandi　（2）tranĉilo　（3）frue　（4）varma　（5）semajno

（6）skribi　（7）malpeza　（8）vintro　（9）pensi　（10）antaŭ

2　指示に従って答えなさい。＜20点＞

2－1　次の語は、動詞、名詞、形容詞、副詞のどれですか。

（1）tuj　　　（2）hundoj　（3）vidu　　（4）pura

2－2　viziti という動詞を、適当な形で（　　）内に書きなさい。

（1）Mi devas（　　）mian onklon morgaŭ.

（2）Mi（　　）mian onklon hieraŭ.

（3）Mi（　　）mian onklon en la venonta sabato.

2－3　libro という語を、適当な形で（　　）内に書きなさい。

（1）Mi jam legis tiun（　　）.

（2）Li donis al mi kelkajn（　　）.

（3）Ili estas interesaj（　　）.

3　次の単語の各派生語の意味を書きなさい。＜20点＞

3－1　dormi に対して

（1）dormema　（2）ekdormi　（3）dormeti

3－2　lerni に対して

（1）lernejo　（2）lernanto　（3）lernado　（4）lerninda

3－3　granda に対して

（1）grandega　（2）malgranda　（3）grandigi

4　次のエスペラント文を日本語に訳しなさい。＜20点＞

（1）La 99-a Universala Kongreso de Esperanto okazis en la urbo Bonaero.

（注）Bonaero ブエノスアイレス

（2）Mi partoprenis en ĝi kun miaj geamikoj.

（3）Bonaero estas la ĉefurbo de Argentino.　　（注）Argentino アルゼンチン

（4）Oni bezonas inter 25 kaj 30 horojn por atingi tien.

（5）En la kongreso partoprenis ĉirkaŭ sepcent personoj.

（6）Partoprenantoj venis el 57 landoj.

（7）Universala Kongreso ĉiam estas interesa.

（8）En la venonta jaro okazos la 100-a UK.

（9）Multaj esperantistoj iros al la franca urbo Lillo.　（注）franca フランスの Lillo リール

（10）Ankaŭ mi volas iri tien.

5　次の文をエスペラントに訳しなさい。＜20点＞

（1）その花の名前は何ですか。

（2）ザメンホフはどこで生まれましたか。

（3）きょうはとても寒かった。

（4）あなたはどの国を訪れたいですか。

（5）一緒に行きましょう。

エスペラント学力検定試験　4級会話試験−1（4級会話試験−2以後は省略）

受験者には次の1と2の問題を記した用紙がその場で渡され、試験後に回収されます。

【発音・アクセント問題】

1.　次の単語を声に出して読んでください。＜40点＞

（1）pomo	（2）loĝas	（3）legas	（4）aktiva	（5）preskaŭ
（6）malriĉaj	（7）ŝipe	（8）papero	（9）julio	（10）jaro
（11）kuraĝa	（12）morgaŭ	（13）ĉirkaŭ	（14）plej	（15）fremda
（16）ĵeti	（17）sendanto	（18）horo	（19）malsanulo	（20）trans

【読みのなめらかさをみる問題】

2.　次の文を声に出して読んでください。＜20点＞

（1）En la venonta ĵaŭdo, ni volas viziti la muzeon.

（2）Donu al mi sep mil tricent sesdek enojn.

【聞き取り問題】

3.　試験官の次の質問に、Jes, Neのどちらかで答えてください。＜20点＞

　　次の「試験官手持ち問題」の中から適宜2題が出されます。筆記はしません。

　　「試験官手持ち問題」（これは一例です。）

（1）Ĉu vi estas studento?/Ĉu vi estas laboristo?

（2）Ĉu vi loĝas en Tokio?/Ĉu vi loĝas en Hokkaido?

（3）Ĉu vi havas fratojn?

（4）Ĉu vi jam manĝis tagmanĝon?

（5）Ĉu hodiaŭ estas sabato?

（6）Ĉu tiu ĉi libro estas blua?

【会話力を問う問題】

4.　試験官の次の質問に答えてください。＜20点＞

　　次の「試験官手持ち問題」の中から適宜2題が出されます。筆記はしません。

　　「試験官手持ち問題」（これは一例です。）

（1）Kiam vi eklernis Esperanton?

（2）Kiu estas via gvidanto de Esperanto?

（3）Ĉu vi laboras? En kiu urbo vi laboras?

（4）Kian laboron vi faras?

（5）Ĉu vi studas en universitato? Kion vi studas?

（6）Ĉu vi vizitis aliajn landojn? Kiujn landojn vi vizitis?

1　次の単語の意味を書きなさい。＜20点＞

（１）semajno　　（２）skribi　　（３）nigra　　（４）facile　　（５）aĉeti

（６）ĉiam　　（７）maldekstra　（８）birdo　　（９）filino　　（10）demandi

2　指示に従って答えなさい。＜20点＞

2−1　次の語は名詞、形容詞、副詞、動詞のどれですか。

（１）nur　　　　（２）vidis　　（３）libroj　　（４）dikaj

2−2　legi という動詞を適当な形で（　　）内に書きなさい。

（１）Mi（　　　）la libron morgaŭ.

（２）Mi volas（　　　）la libron tuj.

（３）Mi（　　　）la libron hieraŭ.

2−3　amikoという語を適当な形で（　　）内に書きなさい。

（１）Li havas bonajn（　　　　）.

（２）Ili estas miaj（　　　　）.

（３）Ĉu vi konas mian plej novan（　　　）?

3　次の単語の各派生語の意味を書きなさい。＜20点＞

3−1　studiに対して

（１）studejo　　（２）studema　　（３）studado

3−2　bonaに対して

（１）malbona　　（２）bonigi　　（３）bonega

3−3　manĝiに対して

（１）manĝejo　　（２）manĝebla　　（３）ekmanĝi　　（４）manĝeti

4　次のエスペラント文を日本語に訳しなさい。＜20点＞

（１）La 100-a Japana Esperanto-Kongreso nun okazas en Tokio.

（２）Oni diras, ke la nombro de la partoprenantoj estas ĉirkaŭ 600.

（３）Pli ol kvardek homoj venis el eksterlando.

（４）Ni havas multajn programerojn dum tiuj kvar tagoj.　（注）programero（個々）の番組

（５）Vespere en la dua tago okazos koncerto.　　　　　　（注）koncerto コンサート

（６）Mi tre ŝatas kantojn.

（７）Mi ne havas multajn esperantistajn geamikojn.

（８）Mi volas konatiĝi kun diversaj homoj.

（９）Post la kongreso, ni ekskursos al "Tokyo SkyTree".

　　　　　　（注）ekskursi 遠足に行く　（注）Tokyo SkyTree 東京スカイツリー

（10）Mi volis viziti ĝin.

5　次の日本文をエスペラントに訳しなさい。＜20点＞

（１）あなたは今どこにいますか。

（２）あなたはだれと東京に来ましたか。

（３）あなたはいつエスペラントを学び始めましたか。

（４）あの高い塔（turo）は何ですか。

（５）彼はとても上手にエスペラントで話すことができます。

1　次の単語の意味を書きなさい。＜20点＞
　（1）klara　　（2）knabo　　（3）sendi　　（4）folio　　（5）libro
　（6）aŭto　　（7）vizaĝo　　（8）ridi　　（9）ĉesi　　（10）frue

2　指示に従って答えなさい。＜20点＞
　2－1　次の語は名詞、形容詞、副詞、動詞のどれですか。
　（1）sude　　（2）manĝis　　（3）oranĝa　　（4）minutoj
　2－2　trinkiという語の（1）現在形、（2）過去形、（3）命令形を書きなさい。
　（1）現在形　　（2）過去形　　（3）命令形
　2－3　manoという語を、（1）複数形、（2）対格、（3）複数形の対格にして書きなさい。
　（1）複数形　　（2）対格　　（3）複数形の対格

3　次の単語の各派生語の意味を書きなさい。＜20点＞
　3－1　naĝiに対して
　（1）naĝanto　　（2）naĝigi　　（3）eknaĝi
　3－2　junaに対して
　（1）junulo　　（2）juneco　　（3）maljuna　　（4）maljuniĝi
　3－3　fotiに対して
　（1）fotilo　　（2）fotisto　　（3）fotado

4　次の文を日本語に訳しなさい。＜20点＞
　（1）Ni estis grupo de esperantistoj.
　（2）Ni venis de Japanio, Hispanio, Francio kaj Germanio.
　（3）Ni kune veturis en aŭtobuso dum du horoj.
　（4）Ni vizitis malnovan domon en Italio.
　（5）Ĝi havas historion de kvarcent jaroj.
　（6）En ĝi ni trovis multajn belajn bildojn.
　（7）Granda ĝardeno estis ĉirkaŭ la domo.
　（8）Tra la ĝardeno fluis rivereto.
　（9）Estis ponteto super la rivereto.
　（10）La ĉielo estis blua kaj estis sen nubo.

5　次の文をエスペラントに訳しなさい。＜20点＞
　（1）きのう、雨が降りました。
　（2）きょうは暖かいです。
　（3）10月には31日あります。（数字でなく、単語で書いてください。）
　（4）誰と話しましたか。
　（5）その服をどこで買いましたか。

1　次の単語の意味を書きなさい。＜20点＞
（1）alta　　（2）koloro　　（3）peza　　（4）trovi　　（5）aŭdi
（6）grava　　（7）kapo　　（8）printempo　（9）vera　　（10）diri

2　指示に従って答えなさい。＜20点＞
2－1　次の語は名詞、形容詞、副詞、動詞のどれですか。
（1）frue　　　　（2）laboristoj　　（3）montris　　（4）trankvilaj
2－2　akceptiという語の（1）現在形、（2）過去形、（3）命令形を書きなさい。
（1）現在形　　（2）過去形　　（3）命令形
2－3　ĉambroという語を（1）複数形、（2）対格、（3）複数形の対格にして書きなさい。
（1）複数形　　（2）対格　　（3）複数形の対格

3　次の単語の各派生語の意味を書きなさい。＜20点＞
3－1　lerniに対して
（1）lernejo　　（2）lernigi　　（3）lernanto　　（4）lernado
3－2　belaに対して
（1）malbela　　（2）beleco　　（3）belega
3－3　skribiに対して
（1）skribilo　　（2）skribado　　（3）skribaĵo

4　次の文を日本語に訳しなさい。＜20点＞
（1）Mi vizitis Pollandon en julio.
（2）Mi estis kun mia malnova amikino.
（3）Ni kune vizitis multajn belajn lokojn.
（4）Unu el ili estas la urbo Krakovo.　　　　　　　　　　（注）Krakovo クラクフ
（5）Ĝi estas malnova urbo kun longa historio.
（6）Tie troviĝis multaj homoj el la tuta mondo.
（7）En la urbo estas tre malnova universitato.　　　　　　（注）universitato 大学
（8）Pro tio Krakovo estas konata kiel studenta urbo.
（9）La ĉielo estis tre bela.
（10）Ni havis ĝojan tempon tie.

5　次の文をエスペラントに訳しなさい。＜20点＞
（1）きょうはとても暑いです。
（2）私には兄が3人います。
（3）あなたは何を買いたいのですか。
（4）それは1975年に起こりました。（数字ではなく、単語で書いてください。）
（5）あなたはだれと話しましたか。

1　次の単語の意味を書きなさい。＜20点＞

（1）hodiaŭ　　（2）alta　　　（3）koloro　　（4）semajno　　（5）varma

（6）skribi　　（7）vidi　　　（8）malrapide（9）birdo　　　（10）nigra

2　指示に従って答えなさい。＜20点＞

2−1　次の単語は名詞、形容詞、副詞、動詞のどれですか。

（1）aŭdis　　　（2）nomoj　　　（3）bone　　　（4）facilaj

2−2　aĉetiという動詞を、適当な形で（　　）内に書きなさい。

（1）Mi（　　　）ĝin morgaŭ.

（2）Mi volas（　　　）ĝin.

（3）Mi（　　　）ĝin hieraŭ.

2−3　libroという語を、適当な形で（　　）内に書きなさい。

（1）Ili estas interesaj（　　　）.

（2）Mi jam legis tiun（　　　）.

（3）Li donis kelkajn（　　　）al ŝi.

3　次の単語の各派生語の意味を書きなさい。＜20点＞

3−1　manĝiに対して

（1）manĝejo　　（2）manĝaĵo　　（3）manĝeti

3−2　grandaに対して

（1）grandeco　　（2）malgranda　（3）grandega　（4）grandigi

3−3　laboriに対して

（1）laboristo　　（2）laborema　　（3）laborado

4　次のエスペラント文を日本語に訳しなさい。＜20点＞

（1）La Universala Kongreso de Esperanto okazis en la urbo Hanojo.　（注）Hanojo ハノイ

（2）Mi partoprenis en ĝi kun miaj geamikoj.

（3）La nombro de la partoprenantoj estis ĉirkaŭ naŭcent.　　　　　（注）nombro 数

（4）Multaj homoj venis de aziaj landoj.

（5）Pli ol dek junuloj venis el Indonezio.　　　　　（注）Indonezio インドネシア

（6）Dum la kongreso vjetnamaj gejunuloj multe laboris.　　　（注）vjetnama ベトナムの

（7）Ili estis tre gajaj kaj amikemaj.

（8）Ĉiutage estis tre varme.

（9）Sed, mi vizitis kelkajn konatajn lokojn en la urbo.

（10）Mi havis ĝojan tempon tie.

5　次の日本文をエスペラントに訳しなさい。＜20点＞

（1）あなたはいつエスペラントの学習を始めましたか。

（2）あなたはだれと話しましたか。

（3）ザメンホフはどこで生まれましたか。

（4）あなたはどの国を訪れたいですか。

（5）あの赤い花は何ですか。

1　次の単語の意味を書きなさい。＜20点＞
　　（1）bildo　　（2）veni　　（3）vasta　　（4）aŭto　　（5）ruĝa
　　（6）studento　（7）vidi　　（8）komenci　（9）ofte　　（10）urbo

2　指示に従って答えなさい。＜20点＞
　2−1　次の語は名詞、形容詞、副詞、動詞のどれですか。
　　（1）norde　　（2）verdan　　（3）trinkis　　（4）horoj
　2−2　laboriという語の現在形、過去形、命令形を書きなさい。
　　（1）現在形　　（2）過去形　　（3）命令形
　2−3　pomoという語を複数形、対格、複数形の対格にして書きなさい。
　　（1）複数形　　（2）対格　　（3）複数形の対格

3　次の単語の各派生語の意味を書きなさい。＜20点＞
　3−1　lerniに対して
　　（1）lernanto　（2）eklerni　（3）lernigi　（4）lernado
　3−2　saĝaに対して
　　（1）saĝulo　　（2）malsaĝa　（3）saĝeco
　3−3　fotoに対して
　　（1）fotilo　　（2）fotisto　　（3）fotado

4　次の文を日本語に訳しなさい。＜20点＞
　　（1）Mi vizitis Parizon kun mia amikino.
　　（2）Ni iris tien per aviadilo.
　　（3）Ni prenis buson por iri al la centra parto de Parizo.
　　（4）Antaŭ la stacio mia leteramikino atendis min.
　　（5）Ŝi gvidis nin al sia hejmo.
　　（6）Ŝia domo estas tre granda kaj havas belan ĝardenon.
　　（7）Estis malgranda tablo kaj seĝoj en la ĝardeno.
　　（8）Ĉirkaŭ la tablo estis belaj floroj.
　　（9）Ni kune trinkis teon.
　　（10）La ĉielo estis blua kaj estis tre agrable.

5　次の日本文をエスペラントに訳しなさい。＜20点＞
　　（1）今日は寒いです。
　　（2）あなたはだれとテニスをしますか。
　　（3）あなたはどこでその本を買いましたか。
　　（4）彼の祖父は98歳です。（数字ではなく、単語で書いてください。）
　　（5）私はネコを2匹飼っています。

11

1　次の単語の意味を書きなさい。＜20点＞
　（1）longa　　（2）skribi　　（3）lingvo　　（4）mano　　（5）filo
　（6）respondi　（7）morgaŭ　（8）varma　　（9）facile　（10）vespero

2　指示に従って答えなさい。＜20点＞
　2－1　次の語は名詞、形容詞、副詞、動詞のどれですか。
　（1）sufiĉe　　（2）parolos　　（3）monatoj　　（4）sana
　2－2　respondiという語の、（1）現在形、（2）過去形、（3）命令形を書きなさい。
　（1）現在形　　（2）過去形　　（3）命令形
　2－3　infanoという語を、（1）複数形、（2）対格、（3）複数形の対格にして書きなさい。
　（1）複数形　　（2）対格　　（3）複数形の対格

3　次の単語の各派生語の意味を書きなさい。＜20点＞
　3－1　laboriに対して
　（1）laborejo　（2）laboristo　（3）laborema
　3－2　belaに対して
　（1）malbela　（2）beligi　　（3）beleco　　（4）belega
　3－3　manĝoに対して
　（1）manĝilo　（2）manĝado　（3）manĝaĵo

4　次の文を日本語に訳しなさい。＜20点＞
　（1）Mi ŝatas legi librojn.
　（2）En mia urbo estas tre bona biblioteko.　　　　　　　　（注）biblioteko 図書館
　（3）Ĝi havas ĉirkaŭ tricent mil librojn.
　（4）Feliĉe mi loĝas proksime de ĝi.
　（5）Ĉiun sabaton mi vizitas la bibliotekon.
　（6）Tie mi serĉas novajn, interesajn librojn.
　（7）Iun tagon mi trovis libron pri Esperanto.
　（8）Ĝi tre interesis min.
　（9）Mi tuj decidis lerni la lingvon.
　（10）Mi volas havi geamikojn en multaj landoj.

5　次の文をエスペラントに訳しなさい。＜20点＞
　（1）私は2年前にエスペラントを学び始めました。
　（2）あなたはどこで彼に会ったのですか。
　（3）あなたは果物が好きですか。
　（4）あなたはいつその花（複数）を買ったのですか。
　（5）（4の答えとして）昨日買いました。

エスペラント学力検定試験　4級筆記試験-8

1　次の単語の意味を書きなさい。
　（1）aĝo　　（2）koloro　　（3）facile　　（4）peza　　（5）vidi
　（6）agrabla　（7）demandi　（8）frue　　（9）dolĉa　　（10）mateno

2　指示に従って答えなさい。＜20点＞
　2－1　次の語は名詞、形容詞、副詞、動詞のどれですか。
　（1）multaj　　（2）ofte　　　（3）lernado　　（4）aĉetis
　2－2　paroliという語の、（1）現在形、（2）過去形、（3）命令形を書きなさい。
　（1）現在形　　（2）過去形　　（3）命令形
　2－3　instruistoという語を、（1）複数形、（2）対格、（3）複数形の対格にして書きなさい。
　（1）複数形　　（2）対格　　　（3）複数形の対格

3　次の単語の各派生語の意味を書きなさい。＜20点＞
　3－1　baniに対して
　（1）banejo　　（2）baniĝi　　（3）banujo
　3－2　vizitiに対して
　（1）vizito　　（2）vizitinda　（3）vizitanto
　3－3　laboriに対して
　（1）laborema　（2）laboristo　（3）laborigi　（4）laborejo

4　次のエスペラント文を日本語に訳しなさい。＜20点＞
　（1）Mi komencis lerni Esperanton antaŭ tri jaroj.
　（2）Kiam vi aĉetis tiun libron?
　（3）Ĉu la libro estis interesa?
　（4）Kio estas tiu granda konstruaĵo?
　（5）Mi ŝatas vojaĝi.
　（6）Nova kurso komenciĝos en la venonta semajno.
　（7）Ni manĝu kune.
　（8）Kie vi vidis ŝin?
　（9）Ĉu li estas en la ĝardeno?
　（10）Kiu tago estas hodiaŭ?

5　次の日本文をエスペラントに訳しなさい。＜20点＞
　（1）あなたにとってエスペラントはやさしいですか。
　（2）きょうはとても暑かった。
　（3）私はコーヒーを飲みたい。
　（4）彼女はピアノを弾くことができます。　　　　　　　　（注）ピアノ　piano
　（5）彼らは背が高い。

13

1　次の単語の意味を書きなさい。＜20点＞
　（1）fermi　（2）angulo　（3）rekte　（4）aboni　（5）pura
　（6）necesa　（7）volonte　（8）avo　（9）donaci　（10）akiri
　（11）sperto　（12）kontenta　（13）stelo　（14）grava　（15）gasto
　（16）ŝultro　（17）komuna　（18）rolo　（19）vetero　（20）bedaŭri

2　指示に従って答えなさい。＜20点＞
　2－1　文の後ろにある[ ]内の語を正しい形に変えて、（　）の中に入れなさい。
　（1）Kiom da （　　　　） vi havas?　　　　　　　　　　　　[gefrato]
　（2）Mi aĉetis kelkajn （　　　　　　　　　）.　　　　　[interesa libro]
　2－2　（　）内に入る前置詞を下にある候補の中から選びなさい。
　（1）（　　） la fenestro ni povas vidi la monton Asama.
　（2）Li kredis, ke estas libereco （　　） la landolimo.
　（3）Mi malfruiĝis al la kunsido （　　） subita pluvego.
　（4）Ŝi ne estas kapabla （　　） tia laboro.
　　　解答の候補（5個）　por dum trans pro tra
　2－3　（　）内に適当な関係詞を入れなさい。
　（1）La homoj, （　　） mi vidis en la parko, estis ĉinaj studentoj.
　（2）Mi vizitis la lokon, （　　） iam okazis grava fervoja akcidento.
　（3）Tio, （　　） mi aŭdis, ne estas fakto.
　（4）Li naskiĝis en la sama jaro, （　　） mortis lia avo.

3　次のエスペラント文を日本語に訳しなさい。＜30点＞
なお、la ĉina sekcio de ILEI＝国際エスペランティスト教育者連盟中国支部、
eksperimento＝実験、seminario＝セミナー

　Ĉi-somere mi vizitis Ĉinion por ĉeesti en la seminario organizita de la ĉina sekcio de ILEI. La seminariejo estis iu elementa lernejo kaj tie 180 lernantoj nun lernas Esperanton.
　La estro de tiu lernejo decidis enkonduki Esperanton por vidi, ĉu la lernado de Esperanto helpos al la lernantoj en la lernado de aliaj lingvoj.
　Tiu eksperimento komenciĝis en aprilo, 2008 kaj daŭros ses jarojn. Mi tre interesiĝas kian rezulton oni havos.

4　次の日本文をエスペラントに訳しなさい。＜30点＞
　私がエスペラントを学び始めてから5年が過ぎました。エスペラントは学びやすい言語だと言われています。しかし、それは外国語の一つですし、必ずしも簡単ではありません。日本人にとって、発音はそれほど難しくはないと思いますが、単語を覚えるためにはとてもまじめに学習する必要があります。
　私はエスペラントを上手に話したい。そして、いつか世界エスペラント大会に参加したいと思います。

14

エスペラント学力検定試験　3級会話試験－1（3級会話試験－2以後は省略）

受験者には次の1と2の問題を記した用紙がその場で渡され、試験後に回収されます。

【発音・アクセント問題】

1. 次の単語を声に出して読んでください。＜20点＞
   （1）akcepti （2）kuracisto （3）pomarbo （4）ĝeneralaĵo （5）embarasita
   （6）senkonscie （7）bonŝanco （8）inkluzive （9）sincera （10）elektro

【読みのなめらかさをみる問題】

2. 次の文を声に出して読んでください。＜30点＞
   （1）Mi parolis kun mia najbaro loĝanta en apuda apartamento.
   （2）Ŝi esperas, ke estos varme morgaŭ matene, ĉar ŝi volas akvumi florojn en sia ĝardeno.
   （3）La muzeo estas tre granda, kaj pro tio vi bezonas kelkajn horojn por vidi ĉion.

【会話力を問う問題】

3. 試験官の次の質問に答えなさい。＜50点＞
   次の「試験官手持ち問題」の中から適宜5題が出されます。筆記はしません。
   「試験官手持ち問題」
   （1）Kio estas via familia nomo kaj kio estas via persona nomo?
   （2）En kiu urbo vi loĝas?
   （3）Por kio vi lernas Esperanton?
   （4）Al kiu Esperanto-klubo vi apartenas, aŭ ĉu vi lernas sola?
   （5）Kiom da membroj troviĝas en via Esperanto-klubo?
   （6）Ĉu vi jam vizitis landon ekster Japanio? Se jes, kiu(j)n lando(j)n vi vizitis?
   （7）Kiom da eksterlandaj geamikoj vi havas?
   （8）Kiamaniere vi lernis Esperanton?
   （9）Kio estas via ĉi-jara plano pri Esperanto?
   （10）Kiun Esperanto-libron vi plej ŝatas?

1　次の単語の意味を書きなさい。＜20点＞

　（1）kuraĝa　　（2）okcidenta　（3）kalkuli　　（4）malfrue　　（5）metalo
　（6）sperto　　（7）rekta　　　（8）ĝui　　　（9）genuo　　（10）prezidi
　（11）agrabla　（12）baldaŭ　　（13）donaco　　（14）sciigi　　（15）fariĝi
　（16）daŭre　　（17）rekomendi（18）necesa　　（19）vetero　　（20）fermi

2　指示に従って答えなさい。＜20点＞

2-1　文の後ろにある[ ]内の語を正しい形に変えて、（　　）の中に入れなさい。
　（1）Ni devas solvi tri (　　　　　　　　　　).　　　　　　　　[grava problemo]
　（2）Mi (　　　) mian onklinon postmorgaŭ.　　　　　　　　　　[viziti]
　（3）Kiom da (　　　) vi havas?　　　　　　　　　　　　　　[gefrato]

2-2　（　　）に入る前置詞を下にある候補の中から選びなさい。ただし、同じ語が二度使われることはありません。
　（1）Ni vidis grandan domon (　　) multaj fenestroj.
　（2）Li multe naĝis (　　) la maro.
　（3）Kio estas (　　) la tablo?
　（4）Mi malfruiĝis al la kunsido (　　) subita pluvego.
　　　解答の候補（5個）por　pro　sur　kun　en

2-3　（　　）内に適当な関係詞を入れなさい。
　（1）La infanoj, (　　　) mi vidis en la parko, estis tre ĉarmaj.
　（2）Li naskiĝis en la jaro, (　　　) mortis lia avo.
　（3）Ŝi sukcesis en la ekzameno, (　　　) multe ĝojigis min.

3　次のエスペラント文を日本語に訳しなさい。＜30点＞

　　Mi nun ĉeestas en la 100-a Japana Esperanto-Kongreso en Tokio. La unua japana kongreso okazis en 1906, nur unu jaron post la unua Universala Kongreso de Esperanto en Bulonjo-sur-Maro.

　　Estas bonŝance, ke mi povas vidi tiun historie gravan kongreson propraokule. Troviĝas multaj programeroj; kelkaj el ili estas ankaŭ por la publiko. Mi volas sufiĉe ĝui la kongreson.

4　次の日本文をエスペラントに訳しなさい。＜30点＞

　　私は外国語（複数）にとても興味があります。今までにいろいろな言語を学びました。でも、それらの言語でうまく話すことはできません。3年前、私の友人のひとりが私にエスペラントのことを話してくれました。私はすぐにエスペラントの学習を始めました。それは他の言語よりもずっとやさしいです。私はそれがとても好きです。

1　次の単語の意味を書きなさい。＜20点＞

（1）salti　　　　（2）proponi　　（3）gajni　　　（4）jam　　　（5）gasto

（6）vetero　　　（7）mendi　　　（8）sukero　　（9）rimarki　　（10）kulero

（11）okcidenta　（12）volonte　　（13）necesa　　（14）sperta　　（15）kvanto

（16）fini　　　　（17）sendube　　（18）baldaŭ　　（19）avino　　（20）ekzemplo

2　指示に従って答えなさい。＜20点＞

2－1　文の後ろにある[ ]の語を正しい形に変えて（　　）に入れなさい。

（1）Liaj rakontoj pri la vojaĝo en Afriko estis tre（　　　　　）.　　　　　　　[interesa]

（2）Ŝi montris multe da（　　　　　　　）de floroj en sia ĝardeno.　　　[bela foto]

2－2　（　　）に入る前置詞を下にある候補の中から選びなさい。

（1）Mi vendis tiun libron（　　）mil enoj.

（2）Transdonu mian saluton（　　）viaj familianoj.

（3）Grupo da nigraj birdoj flugis（　　）la arboj.

（4）Mia kato kuŝas（　　）la seĝo.

　　　解答の候補　（5個）　　super　al　por　sur　per

2－3　（　　）に適当な関係詞を入れなさい。

（1）Mi volis aĉeti ion,（　　）povas esti bona memoraĵo.

（2）La libro,（　　）li rekomendis al mi, estis vere interesa.

（3）Kazuko vizitis la lokon,（　　）iam troviĝis haveno.

（4）La bestoj, pri（　　）li parolis, estas maloftaj en Japanio.

3　次の文を日本語に訳しなさい。＜30点＞

　　La 99-a UK okazis en la urbo Bonaero, Argentino. Kolektiĝis tie iom pli ol sepcent homoj el 57 landoj. Ĉi-foja UK estis la plej malgranda, laŭ la nombro de partoprenantoj, en la historio de universala kongreso de Esperanto, sed venis multaj esperantistoj el sudamerikaj kaj karibaj landoj. Tio estis bona afero, ĉar ni malofte renkontas tieajn esperantistojn. Plejparto de ili estas amikaj kaj parolemaj. Inter ili estis kelkaj japandevenaj esperantistoj.

　　（注）Bonaero ブエノスアイレス　（注）Argentino アルゼンチン　（注）kariba カリブ海の

4　次の文をエスペラントに訳しなさい。＜30点＞

　　あなたはどのようにしてエスペラントを知りましたか。何十年か前には、教科書にザメンホフについての話が載っていました。しかし、現在では多くの人がエスペラントについて何も知らないと言えます。インターネットで何でも知ることができますが、まずは人々がエスペラントということばに出会う必要があります。エスペラントの存在を人々に知らせるには何をすべきか、一緒に考えていきましょう。

　　　　　　　　　　　　　　　　　　　　　　　　　　　　（注）インターネット　interreto

1　次の単語の意味を書きなさい。＜20点＞
（1）aboni　　　（2）nombro　　　（3）plenigi　　　（4）malfermi　　　（5）regiono
（6）norda　　　（7）aparte　　　（8）donaco　　　（9）rimarki　　　（10）etaĝo
（11）ĉirkaŭ　　（12）scii　　　　（13）gasto　　　　（14）proponi　　　（15）finiĝi
（16）lerta　　　（17）frue　　　　（18）viando　　　（19）tuj　　　　　（20）fidi

2　指示に従って答えなさい。＜20点＞
2－1　文の後ろにある[ ]の語を正しい形に変えて（　　）に入れなさい。
（1）Li montris al mi multe da (　　　　　　　　　) de rozoj.　　　　　　　　　[bela foto]
（2）Mi havas du tre (　　　　　　　　　).　　　　　　　　　　　　　　　　　[bona amiko]
2－2　（　　）に入る前置詞を下にある候補の中から選びなさい。
（1）Mi renkontiĝos (　　) li en la stacidomo.
（2）Bonvolu diri (　　) viaj gepatroj mian elkoran dankon.
（3）Tri libroj kuŝas (　　) la tablo.
（4）Grupo de blankaj birdoj flugis (　　) la arbaro.
　　解答の候補（5個）　　sur　al　kun　super　por
2－3　（　　）に適当な関係詞を入れなさい。
（1）Ŝi tuj aĉetis la libron, (　　) mi rekomendis.
（2）Mi vizitis la lokon, (　　) iam staris malnova templo.
（3）La floroj, pri (　　) mia gvidanto menciis, estas maloftaj ĉi tie.
（4）Li ne povis kredi tion, (　　) lia amiko rakontis.

3　次の文を日本語に訳しなさい。＜30点＞
　　Ĉi-somere ni esperantistoj havos la centan Universalan Kongreson en la franca urbo Lillo. La unua UK okazis en la jaro 1905 en Bulonjo-ĉe-Maro, kiu situas 100 kilometrojn for de Lillo. Tiam kolektiĝis 688 homoj el dudeko da landoj, kaj ĉi-foje oni antaŭvidas, ke pli ol tri mil homoj partoprenos. Mi aŭdis, ke jam ĉirkaŭ 150 japanoj aliĝis. Ili certe ĝuos pli multajn kaj riĉajn programerojn ol kutime.
　　　　（注）Lillo リール、Bulonjo-ĉe-Maro ブローニュ・スル・メール、situi　位置する/ある

4　次の文をエスペラントに訳しなさい。＜30点＞
　　日本人は桜の花が大好きのようです。今年は例年よりもかなり早く桜が咲き始めました。中国や他のアジアの国々からもたくさんの観光客が日本を訪れ、花を楽しみました。日本には、多くの種類の桜がありますが、私の一番のお気に入りは「江戸彼岸（えどひがん）」です。それらの中には数百年もの間生きて、私たちを楽しませている木（複数）があります。　（注）桜 sakuroj

1　次の単語の意味を書きなさい。＜20点＞

　　（1）preferi　　（2）metodo　　（3）klara　　（4）pacienca　　（5）seka

　　（6）akiri　　（7）serioze　　（8）parenco　　（9）aparte　　（10）pomo

　　（11）utila　　（12）lerte　　（13）sonĝi　　（14）eduki　　（15）malalta

　　（16）problemo　　（17）forte　　（18）ŝuoj　　（19）supozi　　（20）tasko

2　指示に従って答えなさい。＜20点＞

　2－1　文の後ろにある[ ]の語を正しい形に変えて（　）に入れなさい。

　　（1）Mi aĉetis du (　　　　　) da viando.　　　　　　　　　　　　　[kilogramo]

　　（2）Li trovis tiujn librojn tre (　　　　　).　　　　　　　　　　　[interesa]

　　（3）Lastatempe mi spektis du tre (　　　　　　　　).　　　　　　[amuza filmo]

　2－2　（　）内に適当な関係詞を入れなさい。

　　（1）Redonu la tondilon tien, (　　) vi ĝin trovis.

　　（2）Mia patrino preparis dolĉaĵon, (　　) multe plaĉis al mi.

　　（3）Li faros ĉion, (　　) li povas fari por ŝi.

　2－3　（　）に入る前置詞を下にある候補の中から選びなさい。ただし、同じ前置詞を2度使うことはできません。　　　　　　　　　解答の候補（5個）　　por　el　en　kun　dum

　　（1）Ili silente sidis (　　) longa tempo.

　　（2）Kaoru planas vojaĝi en Usono (　　) ses monatoj.

　　（3）Ĉiuj (　　) la klaso ekridis.

　　（4）Tri (　　) la kvin kandidatoj estis virinoj.

3　次の文を日本語に訳しなさい。＜30点＞

　　Ni esperantistoj festis la 100-an Universalan Kongreson de Esperanto antaŭ du monatoj. Kvankam pasis 110 jaroj de post la unua Universala Kongreso, pro interrompo kaŭzita de la militoj, ni finfine atingis tiun ĉi gravan momenton ĉi-jare.

　　En la kongreso partoprenis ĉirkaŭ 2 800 homoj el pli ol 80 landoj. Ordinaraj homoj eble ne povas kredi, ke ĉiuj kun diversaj ŝtatanecoj amike parolas en unu lingvo. Sed, tio estas vero. Mi mem spertis tion!

　　　　　　　　　　　（注）Universala Kongreso de Esperanto　世界エスペラント大会

4　次の文をエスペラントに訳しなさい。＜30点＞

　　私は大学生のときにエスペラントを知りました。それまでは、英語が私が学んだ唯一の外国語でした。しかも、私は英語の学習は好きではありませんでした。

　　エスペラントは英語と比べて学び易いですし、発音も明瞭です。しかし、単語を覚えるためにはまじめに学習する必要があります。私の大学には残念ながらエスペラントサークルはありません。自分で学習を続けて、いつか世界青年大会へ参加したいと思います。

（注）エスペラントサークル　Esperanto-societo、世界青年大会　Internacia Junulara Kongreso

1　次の単語の意味を書きなさい。＜20点＞
(1) aparteni　　(2) vetero　　(3) tasko　　(4) kuraĝa　　(5) mencii
(6) milda　　(7) ripete　　(8) afabla　　(9) baldaŭ　　(10) babili
(11) metodo　　(12) subita　　(13) konsenti　　(14) proksima　　(15) hodiaŭ
(16) roko　　(17) loko　　(18) cifero　　(19) diskuti　　(20) esprimi

2　指示に従って答えなさい。＜20点＞
2－1　文の後ろにある[ ]内の語を正しい形に変えて（ ）に入れなさい。
(1) Antaŭhieraŭ subite (　　　　) tiu fama artisto.　　　　　　　　　　　　[morti]
(2) Kiom da (　　　　　　　　) vi aĉetis?　　　　　　　　　　　[interesa libro]
2－2　（ ）に入る前置詞を下にある候補の中から選びなさい。ただし、同じ前置詞を2度使うことはできません。
(1) (　) la hodiaŭa ĵurnalo, japana sciencisto gajnis Nobel-premion.
(2) Ni kantis kaj dancis (　) la tuta nokto.
(3) Neniu (　) ni kredis ŝian parolon.
(4) Mia avino loĝas (　) la urbocentro de Nagoya.
　　解答の候補（5個）en　　tra　　el　　laŭ　　pro
2－3　（ ）内に適当な関係詞を入れなさい。
(1) La domoj, (　) vi vidas ĉi tie, estas tre malnovaj.
(2) La vilaĝo, (　) mi naskiĝis, jam ne ekzistas.
(3) Ŝi aĉetis biciklon, per (　) ŝi iradas al sia laborejo.
(4) Tio, (　) vi aŭdis, estas fakto.

3　次の文を日本語に訳しなさい。＜30点＞
　　Unu el la vidindaj lokoj en Pollando estas laŭ mi Aŭŝvico. Mi havis okazon viziti la lokon ĉi-somere. Kiel vi scias, en tiu koncentrejo multege da homoj estis mortigitaj dum la Dua Mondmilito. Mi jam legis librojn kaj vidis filmojn pri tio, sed mia ŝoko estis grandega. Tie ankoraŭ restas multaj objektoj rilataj al la viktimoj. Mi preĝis por ili kaj pensis pri paco.
　(注) Aŭŝvico アウシュビッツ、　koncentrejo 強制収容所、ŝoko ショック、viktimo 犠牲者

4　次の文をエスペラントに訳しなさい。＜30点＞
　　私は18歳まで東北地方の小さい町に住んでいました。そして大学で学ぶために横浜に移りました。横浜は大都会で、私にとってはすべてが新鮮でした。私は週末によく山下公園を訪れました。当時はまだみなとみらい地区はありませんでした。私は30年後にそこでエスペラントの世界大会が開かれるとは予想もしませんでした。

　　　　　　　　　　　　　　　　　　(注) みなとみらい地区　la distrikto Minato-Mirai

1　次の単語の意味を書きなさい。＜20点＞

（1）batali　（2）gazeto　（3）metodo　（4）valoro　（5）agrabla

（6）promesi　（7）diligente　（8）cifero　（9）litero　（10）kredi

（11）brako　（12）diskuti　（13）peni　（14）regiono　（15）sapo

（16）jako　（17）legomo　（18）seka　（19）honeste　（20）malgraŭ

2　指示に従って答えなさい。＜20点＞

2−1　文の後ろにある[ ]内の語を正しい形に変えて、（ ）内に入れなさい。

（1）Mia patrino （　　　　） kelkajn pomojn hieraŭ.　　　　　　　　　[aĉeti]

（2）Ili elektis unu el （　　　　　　　） kiel reprezentanton.　　　[sia samklasano]

2−2　（ ）に入る前置詞を下にある候補の中から選びなさい。ただし、同じ前置詞を2度使うことはできません。

（1）Ŝi malatente forĵetis malnovan sakon de sia edzo （　） lia konsento.

（2）（　） granda ĝojo mi legis vian leteron.

（3）Kelkaj （　） li ankaŭ venis.

（4）Tomoko fariĝis kantisto （　） dancisto.

　　　解答の候補（5個）anstataŭ　kun　sen　krom　apud

2−3　（ ）内に適当な関係詞を入れなさい。

（1）La floroj, （　） troviĝas ĉi tie, estas tre maloftaj.

（2）Li vizitis interesan lokon （　） iam loĝis liaj prapatroj.

（3）La knabino, （　） vi vidis en la parko, estas mia fratino.

（4）Mi komprenis nenion, （　） li diris.

3　次の文を日本語に訳しなさい。＜30点＞

　Antaŭ du monatoj okazis en Ĉinio grandega tertremo kaj pli ol cent kvindek mil homoj mortis. Ankaŭ en Japanio ofte okazas tertremoj, kaj pro tio ni estas sentemaj pri novaĵoj de tertremo. Sciencistoj diligente studadas kiamaniere oni povas antaŭscii tertremon, sed tio estas tre malfacila. Ni ofte aŭdas, ke bestoj agas strange antaŭ tertremo. Sed ĉu tio eblas, ke ni ĉiam rigardas ilin?

4　次の文をエスペラントに訳しなさい。＜30点＞

　私はきのうロッテルダムからのハガキを受けとりました。私の友人がそこでエスペラントの世界大会に参加し、それを私に送ってきたのです。ロッテルダムの町にはたくさんの近代的な建物があるそうです。でも、そこには歴史的な見どころは少ない、と彼女は書いてきました。町は第二次世界大戦中に破壊されたからです。私もいつか機会があれば、その町を訪れたいと思います。

　　　　　　　　　　　　　　　　　（注）ロッテルダム　Roterdamo、　見どころ　vidindaĵo

1　次の単語の意味を書きなさい。＜20点＞

（1）profunda　（2）fundo　（3）roko　（4）loko　（5）bloko

（6）ĝui　（7）naski　（8）dormi　（9）agrabla　（10）flue

（11）glate　（12）bildo　（13）birdo　（14）aboni　（15）aĉeti

（16）morgaŭ　（17）om　（18）kuraĝa　（19）okcidenta　（20）saluto

2　指示に従って答えなさい。＜20点＞

2－1　文の後ろにある[ ]内の語を正しい形に変えて（　）に入れなさい。

（1）De kiu vi ricevis la tri (　　　　　　　　)?　　　　　　　　　　[dolĉa kuko]

（2）Morgaŭ matene mian onklon mi (　　　　　).　　　　　　　　　　[viziti]

2－2　（　）に入る前置詞を下にある候補の中から選びなさい。ただし、同じ前置詞を2度使うことはできません。

（1）Ne koleru (　　　) mi.

（2）Mi abonos la gazeton (　　　) unu jaro.

（3）La helikoptero flugis (　　　) la domoj.

（4）La fiŝoj naĝas (　　　) la lageto.

解答の候補（5個）en　kontraŭ　por　super　per

2－3　（　）に適当な関係詞を入れなさい。

（1）Mi legis libron, (　　　) mia amiko donis al mi.

（2）Ŝi aĉetis aŭton, per (　　　) ŝi iras al sia laborejo.

（3）La fiŝoj, (　　　) vivas ĉi tie, estas tre maloftaj.

（4）Mi faris ĉion, (　　　) mi povis.

3　次の文を日本語に訳しなさい。＜30点＞

　　La dudek-sesa de decembro, en la jaro du mil kaj kvar, estas la grava tago. La tago vivos en la memoroj de miloj da homoj tra la mondo. En tiu tago, la vorto ”cunamo” eniĝis en la ĉiutagan vivon de multaj homoj en Azio. En Hindio, la nombro de mortintoj estis malgranda kompare al Indonezio, sed la perdo estis grandega. En iu parto de Hindio, 12800 familioj suferis pro la cunamo.

（注）cunamo　津波

4　次の文をエスペラントに訳しなさい。＜30点＞

　　わたしは大きな町に住んでいて、まわりには家だけです。しかしわたしは小学生のころ、村に住んでいました。村には小川が流れていて、池がありました。夏には小川のそばでは蛍が飛んでいました。夜になると蛍は光りました。私はそれを見るのが楽しみでした。

（注）蛍　lampiro

エスペラント学力検定試験　2級筆記試験－1

一般問題　＜100点＞

1　次のエスペラント文を日本語に訳してください。＜50点＞

　　　　　　　（注）eskapi: 逃れる　disk/o/teko: ディスコテーク　kabaredo: キャバレー

　Oni ne povas nei, ke ni loĝas en tre brua kaj iom post iom pli bruanta mondo. En ĉiu loko niaj oreloj estas atakataj de sonoj de trafiko, laŭtaj poŝtelefonaj konversacioj kaj muzikaĉo. Ni ne povas eskapi.

　Ŝajnas, ke plena silento troviĝas nur, kiam oni estas tute surda, aŭ sur la morta supraĵo de la luno. Kompreneble, eĉ amantoj de silento ne plendas, kiam relativa kaj malofta silento estas interrompata de la dolĉa kanto de etaj birdoj aŭ la somera zumado de mielabeloj, sed tiuj sonoj ne povas esti konsiderataj kiel ĝeno aŭ bruo.

　Eble ĉar mi ne plu estas juna, kaj ne plu serĉas tiel nomatajn amuzaĵojn troveblajn en diskotekoj aŭ kabaredoj, ĉi tiu bruega epoko por mi iĝas preskaŭ netolerebla. Mi fervore deziras iom da silento en mia vivo.

2　自分の子供の頃の思い出のひとつを50～100語程度のエスペラントで書いてください。ちなみにこの試験の問題1のエスペラント文は約130語です。＜40点＞

3　次の三つの団体の機関誌のエスペラント名をあげてください。＜10点＞

　（1）UEA　　　　（2）SAT　　　　（3）JEI

文法問題　＜100点＞

1　次の文のかっこ内に　al, da, de, el, en, kun, pli, plu, super, surの中から適切な語を入れてください。ただし同じ語が二度使われることはありません。＜30点＞

　Jam (1　　) longe la Tero ne (2　　) videblas. Ili forlasis ĝin antaŭ tiom (3　　) tempo, ke la vivo (4　　) la tero ŝajnis ne ekzisti. Ĝi estis nur (5　　) ilia memoro. La vojaĝilo traflugis (6　　) nepensebla rapideco.

2　次の文に間違いがあれば指摘し、なければ「なし」と答えてください。なお、各文に間違いがある場合は一か所とは限りません。＜40点＞

　（1）Li vidis ilin, kiu korektiĝis antaŭ li.
　（2）Mi esperas, ke morgaŭ ne pluvu.
　（3）Mi necesas vortaron por legi la libron.
　（4）Irinte al Nagano urbo, la vetero estis tre bela.
　（5）Por eviti miskomprenon, mi trovis necesa doni sekvantajn klarigojn.

3　次の語の違いを簡単に説明してください。＜30点＞

　（1）koni, scii
　（2）akcepti, ricevi
　（3）dubi, suspekti

小論文　＜100点＞

エスペラント文学についてあなたが思うことを300字～500字程度の日本語で述べてください。

エスペラント学力検定試験　2級会話試験－1　（2級会話試験－2以後は省略）

【自己紹介】

試験官はおおむね下記の想定例のようにして自己紹介を促す。＜30点＞

（想定例）　A：受験者　B：試験官

B：Bonvenon, volu sidiĝi, kaj nomu vin!

A：Mi estas SUZUKI Hanako.

B：Volu prezenti vin; vian laboron aŭ studon, vian familion, vian hobion, kaj tiel plu.
　　Poste mi demandos vin pri kelkaj aferoj.

A：Mi estas Suzuki, kaj estas oficistino en laborejo, dommastrino en hejmo. Mi havas
　　edzon, bopatron kaj du infanojn. Nu, kion alian mi prezentu?

B：Viajn hobiojn kaj aliajn aferojn, mi petas.

A：Mi ŝatas legi krimromanojn. El la japanaj aŭtoroj, mi multe legas MIYABE Miyuki.

B：Vi diris, ke vi ŝatas krimromanojn. Ĉu vi legis esperantajn krimromanojn?

A：Jes, mi legis lastatempe novelojn de Cecil Gates (sesil geic).

B：Ĉu vi legis verkojn de Johano Valano?

A：Ne, mi ne legis.

B：Nu, la sinprezentado finiĝas.

【問題提起】

試験官はいくつかの具体的な題目を記した紙を示し、一つを選ばせ、1～3分の話題提起を求める。試験官はおおむね下記の想定例のようにすすめる。＜70点＞

（想定例）　A：受験者　B：試験官

B：Mi montros liston al vi, en kiu estas kelkaj vortoj. Elektu unu el la vortoj el la listo.
　　Parolu pri tio en unu ĝis tri minutoj. Vi havos tri minutojn por via konsidero. Vi povas
　　libere elekti temon rilatantan al la elektita vorto; ekzemple, se la vorto estas "familio",
　　la temo povas esti "mia familio", "japanaj familioj ĝenerale", "familio de Zamenhof",
　　kaj tiel plu. Ĉu vi havas demandon?

A：Ne, mi komprenas.

B：Jen la listo. Mi atendos tri minutojn por via elekto kaj preparo. Vi povas uzi ĉi tiun
　　folion por viaj notoj.

B：Nu, pasis tri minutoj. Kiun temon vi elektis?

A：Lernejo, kaj precipe enir-ekzamenoj.

B：Do, parolu en unu ĝis tri minutoj.

提起される題目の例

（1）lernejo　（2）cunamo　（3）olimpikoj　（4）aldonvalora imposto　（5）paco

一般問題　＜100点＞

1（1）次のエスペラント文を日本語に訳してください。＜40点＞

　　Toleremaj kaj komprenemaj estas, ĝenerale, esperantistoj. Toleremo kaj komprenemo apartenas al esperantisteco kiel -- almenaŭ en mia lando – lakto al teo. Klare, nia eta verda mondo ne povas eviti kverelojn, disputojn, malamojn kaj aliajn situaciojn, en kiuj iom da toleremo kaj komprenemo estus bonvenaj. Tamen se ni ne kverelus, disputus, malamus, ni ne estus homoj ⋯ kaj Esperanto ekzistus en sfero neniel reala, ĉiel artefarita.

　　Tamen rilate nian lingvon foje nia toleremo, kaj aparte nia komprenemo, forestas. Imagu: vi sidas en via ŝatata fotelo, aŭ antaŭ la ekrano de via komputilo, legante la plejlastan numeron de Monato, kaj subite frapas vin la frazo "⋯ al mia gepatroj". Ŝokite, hororigite, vi eksaltas, kriante: "Peketo! Mi nepre atentigu la redakcion!"

（注）fotelo:ひじかけいす、Monato:モナート（雑誌名）、hororo:（身の毛のよだつような）恐怖

（2）なぜ文中のviはPeketo!と叫んだのか説明してください。＜10点＞

2　あなたが住んでいる、あるいは住んでいた町を50〜100語程度のエスペラントで説明してください。ちなみにこの試験の問題1のエスペラント文は約120語です。＜40点＞

3　日本で今までに開催された世界エスペラント大会の開催地をあげてください。＜10点＞

文法問題　＜100点＞

1　次の各問の分のカッコ内に適切な前置詞を入れてください。＜40点＞

（1）Mi parolas（　　）Esperanto.

（2）Du aferojn mi petas（　　）vi.

（3）Ne zorgu（　　）mi!

（4）（　　）la muro pendas du bildoj.

2　次の文の間違いを訂正してください。なお各文の間違いは一か所とはかぎりません。＜40点＞

（1）Mi naskiĝis de Aomori gubernio.

（2）Juĝante laŭ lia vesto, li estas pastro.

（3）Tuj malantaŭ la enlitiĝo mi ekdormis.

（4）Ni ne eblas iri ankoraŭ al nia lernejo.

3

（1）次の文をjeを使わないであらわしてください。＜10点＞

　　Li estas peza je 60 kilogramoj.

（2）jeを使ったこれ以外の範疇の例文をひとつあげてください。＜10点＞

小論文　＜100点＞

エスペラントはヨーロッパ的言語だという主張があります。あなたがこれについてどう思うか、300〜500字程度の日本語で述べてください。

一般問題　＜100点＞

1　次のエスペラント文を日本語に訳してください。＜50点＞

Simile pri sporto, kiu ankaŭ estas parto de la supre nomita agadplano (1). La registaro volas instigi civitanojn pli multe sportumi. Sed laŭ medicina vidpunkto programoj kiel 3000 paŝoj ekstre estas dubindaj, ĉar tion oni devus regule fari, por ke ĝi utilu. Por preventado (2) sporto do taŭgas nur, se oni konstante kaj intense sportumas. Sed eĉ en tiu okazo la vera utilo estas dubinda. Ĉar laŭ statistika aspekto tiu vivas pli longe, kiu sportumas --- sed la tiel gajnitan vivodaŭron oni bezonas por la trejnado mem … Do la tempogajno estas nula! Ne malmultaj sportmedicinistoj pridubas eĉ tion. Ilia ekkono estas: Kiu sportumas, ne vivas pli longe, sed mortas pli sana. Kia konsolo!　(el "Monato", 2008/08-09)

(注)　（１）la supre nomita agadplano=Nacia agadplano pri nutrado
（２）preventado=preventado de dikiĝo,　preventi=予防する

2　あなたが外国を訪れて、その地のエスペラント会の依頼で講演をするとして冒頭の導入部分を50〜100語程度のエスペラントで書いてください。ちなみにこの試験の問題１のエスペラント文は約110語です。上の設定部分以外は自由に作ってかまいません。＜50点＞

文法問題　＜100点＞

1　次の文で（　）内にla が必要なときは○を、不要なときは×を、場合によるときは△を入れてください。＜30点＞
（１）Mi havas du aŭtojn. (　) ambaŭ tre plaĉas al mi.
（２）Ĉu vi jam legis (　) librojn, kiujn mi pruntis al vi?
（３）Supre brilas (　) suno.

2　接尾辞　–um-についてごく簡単に説明し、よく使われる例を5語あげてください。＜30点＞

3　次の文の間違いを訂正し、簡単に説明してください。＜40点＞
（１）Mi aĉetis libron, kio kostis 800 enojn.
（２）Mi havas dumil kvincent enojn.
（３）Sekvante ni havos fakajn kunsidojn.
（４）Li atingis al Tokio antaŭtagmeze.

小論文（100点）

近所の中学校の2年生のあるクラスで、エスペラントについて40分程度話してくれるよう頼まれました。おおむねどのような内容を話し、どのような注意が必要か、まとめてください。長さの目安は一応300字以上としますが、必ずしもこれにとらわれる必要はありません。

エスペラント学力検定試験　2級筆記試験−4

一般問題（100点）

1　次のエスペラント文を日本語に訳してください。＜50点＞

　　Tiu ĉi verko, Plena Manlibro de Esperanta Gramatiko (=PMEG), celas ordinarajn esperantistojn, kiuj volas studi la gramatikon, vortfaradon, skribon kaj elparolon de la Internacia Lingvo. Ĝi estas unuavice praktika lernilo, ne teoria verko por lingvistoj.

　　La mallongigon PMEG multaj elparolas kiel "pomego".

　　PMEG provas klarigi la lingvon en facila maniero. Ĝi tial uzas novstilajn gramatikajn esprimojn, kiuj estas espereble pli facilaj ol la tradiciaj vortoj. Eĉ tiaj kutimaj vortoj kiel akuzativo, substantivo kaj prepozicio forestas. Anstataŭe PMEG parolas pri N-finaĵo, O-vorto kaj rolvorteto. Tio ne signifas, ke la tradiciaj vortoj estas malbonaj. Ili nur ne estas bezonataj en PMEG.

（注）prepozicio　前置詞

2　あなたが今朝起きてから試験を受けるまでの行動を50~100語程度のエスペラントで説明してください。＜40点＞

3　次の三つの雑誌を創刊の早い順にならべてください。＜10点＞
　　(A) UEAのEsperanto　(B) Monato　(C) SATのSennaciulo

文法問題（100点）

1　次の文のカッコ内にde dum el en pri sur super traの中から適切な前置詞を入れてください。ただし、同じ前置詞が二度使われることはありません。＜40点＞
　　(1　) la ĝardenoj Kreskas floroj, kaj (2　) la fruktarboj ni vidas la unuajn fruktojn. (3　) la floraj herbejoj ĝoje kantas birdoj. (4　) la blua ĉielo ridetas la suno (5　) frua somero.

2　次の文に間違いがあれば指摘し、なければ「なし」と答えてください。なお各文に間違いがある場合は一か所とかぎりません。＜40点＞
　（1）Ni paloras en Esperanton.
　（2）Li vestis lin mem.
　（3）Vi atingos al la hospitalo post dek minute.
　（4）La geamantoj promenis solaj.
　（5）Per buso mi veturis al Sendai urbo　por aŭskulti prelegon.

3　接尾辞-iĝ-の働きを三つあげ、それぞれの例を示してください。＜20点＞

小論文（100点）

　　エスペラントの初級講習会の講師として最初にどのような話をするか、要点を300~500字程度の日本語で述べてください。

一般問題（100点）

1　次のエスペラント文を日本語に訳しなさい。＜45点＞

　　　Tre multnombraj estas la romanoj traktantaj pri okazaĵoj en la frua Roma Imperio kaj la komenciĝo de la kristana epoko – pensu ekzemple pri Quo vadis. La Ŝtona Urbo estas unu el tiuj. Sed laŭ mia sperto ĝi estas unika, ĉar ĝiaj rolantoj estas nek senatanoj nek korteganoj nek armeanoj, kaj la imperiestro – Nerono dum la lastaj ĉapitroj, sed nenie eĉ nomita en la libro – estas apenaŭ flanke aludita. Ne, la rakonto priskribas la vivon kaj spertojn de sklavigita kaptitino, brita virino transportita al Romo kaj tie aĉetita de sufiĉe ordinara vilao-posedanto. Ni vidas la imperion, do, kvazaŭ desube. Eĉ en la diversaj romanoj pri Spartako kaj la ribelintaj sklavoj mankas fakte tiu perspektivo.

（注）　Quo vadis: クオ・ワディス（小説名）、 La ŝtona urbo:（小説名）
　　　　　Senato （ローマの）元老院、 vilao: 所領、 Spartako: スパルタクス（人名）、
　　　　　ribeli: 反乱している、 perspektivo: 展望

2　あなたがこの試験の受験を他の人にすすめるとして、その要旨を50～100語程度のエスペラントで書いてください。ちなみに、この試験の問題1のエスペラント文は約110語です。＜40点＞

3　次の略語の省略しいていない形を書きなさい。＜15点＞

（1）UEA　　　　　　（2）SAT　　　　　　（3）JEI

文法問題　（100点）

1　次の各問の文が正しいときは○、そうでないときは×をつけなさい。＜30点＞

（1）Mi diris al vi tion.　　　　　（　）
（2）Mi diris vin pri tio.　　　　　（　）
（3）Mi parolis al vi tion.　　　　（　）
（4）Mi parolis vin pri tio.　　　　（　）
（5）Mi sciigis al vi tion.　　　　（　）
（6）Mi sciigis vin pri tio.　　　　（　）

2　対格-nの主な用法を三つあげ、それぞれ一つずつ例文を示しなさい。＜30点＞

3　次の文の間違いを訂正し簡単に説明しなさい。＜40点＞

（1）Ĉio en la mondo estas belaj.
（2）Surmetu okulvitron.
（3）Antaŭ hieraŭ pluvis.（おとといは雨だった。）
（4）Por prelegi antaŭ ni, ni invitis ŝin.

小論文　（100点）

　　エスペラントの学習において、上達に必要だとあなたが思うことを、300～500字程度の日本語でのべなさい。

一般問題（100点）

1　次のエスペラント文はekologioについて書かれた文章の一部です。これを日本語に訳してください。＜40点＞

　　　En la faka literaturo ekzistas kelkaj difinoj de la termino rubaĵo, ekzemple: "Rubaĵo estas moveblaj aĵoj, kiujn la posedanto ne plu deziras havi aŭ kies ordigata forigo estas necesa por la bonfarto de la socio." Tre ofte oni miksas du terminojn ligitajn kun la uzado de la rubaĵo, nome "reuzo" kaj "recikligo". La procedo recikligo signifas ke la materialoj denove eniras la cirklon de produktado-konsumado, sed pasas en ŝanĝita formo. La termino reuzo aŭ reutiligo nur ampleksas la uzon en la sama ciklo. Ekzemplo por "reuzo" estas, se oni kolektas vitrajn botelojn por denove plenigi ilin per trinkaĵoj. "Recikligo" estas, se oni transformas la vitron al tute alia produkto, ekzemple al fibroj, kiuj formas vitran felton, servante kiel varmoizolilon.

　　　　　　　　（出典：B. Leonov, "Juraj aspektoj de ekologio kaj ekologia turismo"）

2　次の日本語の単語について、エスペラントで説明してください。単に訳語ではなく、そのことを知らない人に説明するつもりで訳してください。＜20点＞
　（1）箸　　　　（2）おにぎり/おむすび

3　次の日本語の文の初めから◆までをエスペラントに訳してください。＜40点＞
　　　社長には、むしろ欠点が必要なのです。欠点があるから魅力がある。付き合っていて、自分の方が勝ちだと思ったとき、相手に親近感を持つ。理詰めのものではだめなんですね。あの人には、それがあります。欠点があるから好かれないかといえば、あれだけ人に好かれる人もめずらしい。社員からも好かれている。欠点はたくさんあります。それは、うちの連中、百も承知している。口に出さないだけです。」◆
　　　こう語るのは、本田宗一郎の女房役に徹して世界のホンダを築きあげた藤沢武夫である。
　　　　　　　　　　　　　　　　　　　　　（出典：佐高信　「非会社人間のすすめ」）

文法問題（100点）

1　次の質問を、エスペラントの初歩を知っている人から受けました。これに答えてください。
　　その際、かならず例文をつけること。＜40点＞
　（1）tioとĝiはどう違うか、どう使い分けるか。
　（2）Pluvas.は「雨が降る。」と習った。では、「雨が降っています。」はEstas pluvanta.か。
　（3）pli mal---aとmalpli ---aは同じか（---には同じ語根が入る）。
　（4）「1.5メートル」、「0.3メートル」、「マイナス2メートル」などで、metroを単数形で使うか、複数形で使うか。
2　複数の語義を持つと考えられる次の語根について、各意義を記してください。また、その語根を用いない言い方がある場合にはそれも示してください。＜30点＞
　（1）接尾辞　–uj–
　（2）前置詞elの接頭辞用法

29

（3）unu

3　En Esperanto, ofte aperas eraroj, influataj de la patra aŭ patrina lingvo de la parolanto. Nomu 3 ekzemplojn de tia influo de nacia lingvo, kaj klarigu pri　tio en Esperanto. Vi povas uzi ekzemplojn de iu ajn nacia lingvo, sed supozu, ke la leganto ne estas sperta en tiu lingvo. Vi rajtas priskribi gramatikajn erarojn aŭ semantikajn erarojn, sed ne prononcajn erarojn. ＜30点＞

（1）

（2）

（3）

小論文（100点）

次の題から一つを選んで、エスペラントで論じてください。なお、例えば（1）の場合、
"Esperanto en la hejmo de mia amiko"のように、論題をさらに具体化し、限定化してもよいです。

（1）Esperanto en hejma uzo

（2）Tradukita literaturo en Esperanto

（3）Esperanto por azianoj

（4）Historiaj eventoj de Esperanto-movado

（5）Esperanto kaj diskriminacio

エスペラント学力検定試験　1級会話試験−1

【自己紹介】

試験官は次のようにして自己紹介を促す。＜20点＞

　　Supozu, ke vi estas japana gasto en alilanda esperantujo, kaj prezentu vin en tia situacio. Poste mi (=la ekzamenanto) demandos vin pri kelkaj aferoj.

【問題提起】

試験官は数編の比較的抽象的な題目を記した紙を示し、最大3分間の時間を与える。その後、
受験者はその題目の中から1編を選び、1〜3分程度の話をする。試験官は適宜質問をする。＜80点＞

1　Elektu unu el la temoj el la folio. Parolu pri tio en unu ĝis tri minutoj. Vi povas libere elekti fokuson el la temo; ekzemple, se la temo estas "diskriminacio", la fokuso povas esti "seksa diskriminacio", "diskriminacio spertita de mi", kaj tiel plu.

提起される題目の例

（1）diskriminacio

（2）Internacieco (krom la temo: internacia lingvo)

（3）enir-ekzamenoj

（4）komputiloj aŭ komputila reto

（5）kuirado

エスペラント学力検定試験4級筆記試験−1　解答

1　　　（1）尋ねる　　（2）ナイフ　　（3）早く　　（4）熱い、暑い　（5）週
　　　　（6）書く　　　（7）軽い　　　（8）冬　　　（9）考える/思う　（10）前に
2　2−1（1）副詞　　　（2）名詞　　　（3）動詞　　　（4）形容詞
　　2−2（1）viziti　　（2）vizitis　　（3）vizitos
　　2−3（1）libron　　（2）librojn　　（3）libroj
3　3−1（1）眠い　　　（2）眠り始める（3）うたた寝する
　　3−2（1）学校　　　（2）生徒　　　（3）学習　　　（4）学ぶ価値のある
　　3−3（1）巨大な　　（2）小さい　　（3）大きくする
4　（1）第99回世界エスペラント大会がブエノスアイレスで開催されました。
　　（2）私は友人たちと一緒にそれに参加しました。
　　（3）ブエノスアイレスはアルゼンチンの首都です。
　　（4）そこへ着くには、25〜30時間かかります。
　　（5）大会には約700名が参加しました。
　　（6）参加者は、57か国から来ました。
　　（7）世界大会はいつも興味深いものです。
　　（8）来年には第100回世界大会が開かれます。
　　（9）たくさんのエスペランティストがフランスのリールに行くでしょう。
　　（10）私もそこへ行きたいです。
5　（1）Kio estas la nomo de tiu floro?
　　（2）Kie naskiĝis Zamenhof?
　　（3）Estis tre malvarme hodiaŭ.
　　（4）Kiun landon vi volas viziti?
　　（5）Ni kune iru.

エスペラント学力検定試験4級筆記試験−2　解答

1　　　（1）週　　　　（2）書く　　　（3）黒い　　　（4）簡単に　　（5）買う
　　　　（6）いつも　　（7）左の　　　（8）鳥　　　　（9）娘　　　　（10）尋ねる
2　2−1（1）副詞　　　（2）動詞　　　（3）名詞　　　（4）形容詞
　　2−2（1）legos　　（2）legi　　　（3）legis
　　2−3（1）amikojn　（2）amikoj　　（3）amikon
3　3−1（1）研究室　　（2）研究熱心な（3）研究
　　3−2（1）悪い　　　（2）良くする　（3）すごく良い
　　3−3（1）食堂　　　（2）食べられる（3）食べ始める（4）軽く食べる
4　（1）第100回日本エスペラント大会が今東京で開催中です。
　　（2）参加者数は、約600人だそうです。
　　（3）40人以上が海外から来ました。
　　（4）この4日間、たくさんの番組があります。
　　（5）2日目の夜にはコンサートがあります。
　　（6）私は歌がすごく好きです。
　　（7）私にはエスペランティストの友人は多くはありません。

（8）私はいろいろな人と知り合いたいと思います。

（9）大会後、私たちは「東京スカイツリー」に遠足に行きます。

（10）私はそこに行ってみたいと思っていました。

5　（1）Kie vi nun estas?

（2）Kun kiu vi venis al Tokio?

（3）Kiam vi eklernis Esperanton?

（4）Kio estas tiu alta turo?

（5）Li povas paroli tre bone en Esperanto.

エスペラント学力検定試験4級筆記試験-3　解答

1　　　　（1）明らかな　（2）少年　　（3）送る　　（4）葉　　　（5）本

　　　　（6）自動車　　（7）顔　　　（8）笑う　　（9）止める　　(10)早く

2　2-1（1）副詞　　　（2）動詞　　（3）形容詞　（4）名詞

　　2-2（1）trinkas　（2）trinkis　（3）trinku

　　2-3（1）manoj　　（2）manon　　（3）manojn

3　3-1（1）泳ぐ人　　（2）泳がせる　（3）泳ぎ始める

　　3-2（1）若者　　　（2）若さ　　（3）老いた　　（4）年をとる

　　3-3（1）カメラ　　（2）写真家　　（3）写真撮影

4　（1）私たちはエスペランティストのグループでした。

（2）私たちは日本、スペイン、フランス、ドイツから来ました。

（3）私たちは2時間、バスで一緒に行きました。

（4）私たちはイタリアで古い家を訪れました。

（5）それは400年の歴史を持っています。

（6）その中で私たちは多くの美しい絵を目にしました。

（7）その家のまわりには大きな庭がありました。

（8）その庭を小川が流れていました。

（9）その小川には小さな橋がかかっていました。

(10)空は青く、雲はありませんでした。

5　（1）Pluvis hieraŭ.

（2）Estas varmete hodiaŭ.

（3）Oktobro havas tridek unu tagojn.

（4）Kun kiu vi parolis?

（5）Kie vi aĉetis tiun veston?

エスペラント学力検定試験4級筆記試験-4　解答

1　　　　（1）高い　　　（2）色　　　（3）重い　　（4）見つける　（5）聞く

　　　　（6）重要な　　（7）頭　　　（8）春　　　（9）ほんとうの　(10)言う

2　2-1（1）副詞　　　（2）名詞　　（3）動詞　　（4）形容詞

　　2-2（1）akceptas　（2）akceptis　（3）akceptu

　　2-3（1）ĉambroj　（2）ĉambron　（3）ĉambrojn

3　3-1（1）学校　　　（2）学ばせる　（3）生徒　　（4）学習

3－2 （1）醜い　　　（2）美しさ　　　（3）とてもきれいな

3－3 （1）筆記具　　（2）書くこと　　（3）書いたもの

4 （1）私は7月にポーランドを訪れました。

（2）私は古い女友達と一緒でした。

（3）私たちは一緒に多くの美しい場所を訪れました。

（4）そのうちの一つがクラクフの街です。

（5）それは長い歴史のある古い町です。

（6）そこには世界中からたくさんの人が来ていました。

（7）街にはとても古い大学があります。

（8）そのため、クラクフは学生の街として知られています。

（9）空はとてもきれいでした。

（10）私たちはそこで楽しいときを過ごしました。

5 （1）Estas tre varme hodiaŭ.

（2）Mi havas tri pliaĝajn fratojn.

（3）Kion vi volas aĉeti?

（4）Tio okazis en la jaro mil naŭcent sepdek kvin.

（5）Kun kiu vi parolis?

エスペラント学力検定試験4級筆記試験－5　解答

1　　　　（1）きょう　　（2）高い　　　（3）色　　　　（4）週　　　　（5）熱い、暑い

　　　　　（6）書く　　　（7）見る　　　（8）ゆっくりと　（9）鳥　　　　（10）黒い

2　2－1 （1）動詞　　　（2）名詞　　　（3）副詞　　　（4）形容詞

　　2－2 （1）aĉetos　　（2）aĉeti　　　（3）aĉetis

　　2－3 （1）libroj　　　（2）libron　　　（3）librojn

3　3－1 （1）食堂　　　（2）食べ物　　　（3）軽く食べる

　　3－2 （1）大きさ　　（2）小さな　　　（3）巨大な　　（4）大きくする

　　3－3 （1）労働者　　（2）勤勉な　　　（3）労働

4 （1）エスペラント世界大会がハノイで行われました。

（2）私は友人たちとそれに参加しました。

（3）参加者の数は約900人でした。

（4）アジアの国々からたくさんの人が来ました。

（5）インドネシアから10人を越える若者が来ました。

（6）大会中、ベトナムの若者たちが大いに働きました。

（7）彼らはとてもにぎやかで友好的でした。

（8）毎日とても暑かったです。

（9）でも、私は町でいくつかの有名な場所を訪れました。

（10）私はそこで楽しいときを過ごしました。

5 （1）Kiam vi eklernis Esperanton?

（2）Kun kiu vi parolis?

（3）Kie naskiĝis Zamenhof?

（4）Kiun landon vi volas viziti?

（5）Kio estas tiu ruĝa floro?

33

エスペラント学力検定試験４級筆記試験－６　解答

1　　　　（1）鳥　　　　（2）来る　　　（3）広い　　　（4）自動車　　　（5）赤い
　　　　　（6）学生　　　（7）見る　　　（8）始める　　　（9）しばしば　（10）市、町
2　2－1（1）副詞　　　（2）形容詞　　　（3）動詞　　　（4）名詞
　　2－2（1）laboras　（2）laboris　　（3）laboru
　　2－3（1）pomoj　　（2）pomon　　（3）pomojn
3　3－1（1）生徒　　　（2）学び始める（3）学ばせる（4）学習
　　3－2（1）賢い人　　（2）愚かな　　　（3）賢さ
　　3－3（1）カメラ　　（2）カメラマン（3）写真撮影
4　（1）私は女友達とパリを訪れました。
　　（2）私たちは飛行機でそこへ行きました。
　　（3）私たちはパリの中心地へ行くのにバスに乗りました。
　　（4）駅の前で私の文通友達が私たちを待っていました。
　　（5）彼女は私たちを自分の家に連れていってくれました。
　　（6）彼女の家はとても大きくて、きれいな庭がありました。
　　（7）その庭には小さなテーブルとイスがいくつかありました。
　　（8）テーブルのまわりにはきれいな花（複数）がありました。
　　（9）私たちは一緒にお茶を飲みました。
　　(10)空は青く、とても気持ちがよかったです。
5　（1）Estas malvarme hodiaŭ.
　　（2）Kun kiu vi ludas tenison?
　　（3）Kie vi aĉetis tiun libron?
　　（4）Lia avo estas naŭdek ok jarojn aĝa.
　　（5）Mi havas du katojn.

エスペラント学力検定試験４級筆記試験－７　解答

1　　　　（1）長い　　　（2）書く　　　（3）言語　　　（4）手　　　　（5）息子
　　　　　（6）答える　　（7）あす　　　（8）熱い、暑い（9）簡単に　　（10）夕方
2　2－1（1）副詞　　　（2）動詞　　　（3）名詞　　　（4）形容詞
　　2－2（1）respondas（2）respondis（3）respondu
　　2－3（1）infanoj　（2）infanon　　（3）infanojn
3　3－1（1）仕事場　　（2）労働者　　　（3）勤勉な
　　3－2（1）醜い　　　（2）きれいにする（3）美しさ　（4）すごくきれいな
　　3－3（1）食器　　　（2）食べること（3）食べ物
4　（1）私は本を読むのが好きです。
　　（2）私の町にはとてもよい図書館があります。
　　（3）そこには約30万冊の本があります。
　　（4）幸いに私はその近くに住んでいます。
　　（5）毎週土曜日、私はその図書館へ行きます。
　　（6）そこで私は新しい、面白そうな本を探します。
　　（7）ある日、私はエスペラントについての本を見つけました。

（8）それはとても私の興味を引きました。

（9）私はすぐにそのことばを学ぶことに決めました。

（10）私はたくさんの国に友達を持ちたいと思います。

5 　（1）Mi komencis lerni Esperanton antaŭ du jaroj.

　　（2）Kie vi renkontis lin?

　　（3）Ĉu vi ŝatas fruktojn?

　　（4）Kiam vi aĉetis tiujn florojn?

　　（5）Mi aĉetis ilin hieraŭ.

エスペラント学力検定試験4級筆記試験-8　解答

1 　　　　（1）年齢　　　（2）色　　　（3）簡単に　　（4）重い　　　（5）見る、会う
　　　　　（6）気持ちのいい　（7）尋ねる（8）早く　　（9）甘い　　　（10）朝

2 　2-1　（1）形容詞　　（2）副詞　　（3）名詞　　　（4）動詞
　　2-2　（1）parolas　（2）parolis　（3）parolu
　　2-3　（1）instruistoj（2）instruiston（3）instruistojn

3 　3-1　（1）浴室　　　（2）入浴する　（3）浴槽・湯船
　　3-2　（1）訪問　　　（2）訪問する価値のある　（3）訪問者
　　3-3　（1）勤勉な　　（2）労働者　　（3）働かせる　（4）職場

4 　（1）私は3年前にエスペラントを学び始めました。

　　（2）あなたはその本をいつ買ったのですか。

　　（3）その本はおもしろかったですか。

　　（4）あの大きな建物は何ですか。

　　（5）私は旅行するのが好きです。

　　（6）新しい講座が来週始まります。

　　（7）いっしょに食べましょう。

　　（8）あなたはどこで彼女に会ったのですか。

　　（9）彼は庭にいるのですか。

　　（10）きょうは何曜日ですか。

5 　（1）Ĉu Esperanto estas facila por vi?

　　（2）Estis tre varme hodiaŭ.

　　（3）Mi volas trinki kafon.

　　（4）Ŝi povas ludi pianon.

　　（5）Ili estas altaj.

エスペラント学力検定試験　3級筆記試験-1　解答

1　　　（1）閉める　　（2）角　　　　（3）まっすぐに　（4）定期購読する（5）清潔な
　　　　（6）必要な　　（7）喜んで　　（8）祖父　　　　（9）贈る　　　　（10）手に入れる
　　　　（11）経験　　　（12）満足した　（13）星　　　　（14）大事な　　　（15）客
　　　　（16）肩　　　　（17）共通の　　（18）役割　　　　（19）天気　　　（20）残念に思う

2　2−1　（1）gefratoj　　（2）interesajn librojn
　　2−2　（1）Tra　　　（2）trans　　　（3）pro　　　　（4）por
　　2−3　（1）kiujn　　（2）kie　　　（3）kion　　　（4）kiam

3　今年の夏、私は国際エスペランティスト連盟中国支部が組織したセミナーに参加するため、中国を訪れました。セミナー会場はある小学校で、そこでは180名の生徒たちが今エスペラントを学んでいます。

　その学校の校長先生は、他の外国語の学習においてエスペラントの学習が助けになるのかどうかを見るために、エスペラントを導入することに決めました。その実験は、2008年4月に始まり、6年間続きます。どういう結果が得られるか、私は非常に興味があります。

4　Pasis kvin jaroj post kiam mi eklernis Esperanton. Oni diras, ke Esperanto estas facila lingvo por lerni. Sed, ĝi estas unu el la fremdaj lingvoj kaj ne ĉiam estas facila. Laŭ mi la prononco ne estas tre malfacila por japanoj, tamen ni devas lerni tre diligente por ekmemori vortojn.

　Mi volas bone paroli Esperanton kaj iam partopreni en Universala Kongreso de Esperanto.

エスペラント学力検定試験　3級筆記試験-2　解答

1　　　（1）勇敢な　　（2）西の　　　（3）計算する　　（4）遅く　　　（5）金属
　　　　（6）経験　　　（7）まっすぐな　（8）楽しむ　　（9）膝　　　　（10）司会する
　　　　（11）気持ちのいい（12）間もなく（13）贈り物　　（14）知らせる　（15）〜になる
　　　　（16）引き続き　（17）勧める　　（18）必要な　　（19）天気　　　（20）閉める

2　2−1　（1）gravajn problemojn　（2）vizitos　　　（3）gefratoj
　　2−2　（1）kun　　　（2）en　　　（3）sur　　　（4）pro
　　2−3　（1）kiujn　　（2）kiam　　（3）kio

3　私は今東京で第100回日本エスペラント大会に出席しています。第1回目の日本大会は、ブローニュ・スル・メールでの第1回世界エスペラント大会からたった1年後の1906年に開催されました。

　私が自分の目でこの歴史的に重要な大会を見ることができるのは幸運なことです。たくさんの番組があります。それらのいくつかは一般の方向けでもあります。私は、十分に大会を楽しみたいと思います。

4　Mi tre interesiĝas pri fremdaj lingvoj. Ĝis nun mi lernis diversajn lingvojn. Sed mi ne povas bone paroli en tiuj lingvoj. Antaŭ tri jaroj, unu el miaj amikoj parolis al mi pri Esperanto. Mi tuj eklernis Esperanton. Ĝi estas multe pli facila ol aliaj lingvoj. Mi tre ŝatas ĝin.

1
(1) 跳ぶ	(2) 提案する	(3) 手に入れる	(4) すでに	(5) 客
(6) 天気	(7) 注文する	(8) 砂糖	(9) 気がつく	(10) スプーン
(11) 西の	(12) 喜んで	(13) 必要な	(14) 経験のある	(15) 量
(16) 終える	(17) 疑いなく	(18) 間もなく	(19) 祖母	(20) 例

2　2-1　(1) interesaj　(2) belaj fotoj
　　2-2　(1) por　　　(2) al　　　(3) super　　　(4) sur
　　2-3　(1) kio　　　(2) kiun　　(3) kie　　　　(4) kiuj

3

　第99回世界大会はアルゼンチンのブエノスアイレスで開かれました。そこには57か国から700名ちょっとの人々が集まりました。今回の世界大会は、世界大会の歴史の中で参加者数からいえば一番小さいものでしたが、南米とカリブ諸国からたくさんのエスペランティストが来ました。それはいいことでした。というのは、私たちはめったにその地のエスペランティストたちと会うことがないからです。彼らの多くはとても友好的で話し好きです。その中には、何人かの日系のエスペランティストがいました。

4

　Kiamaniere vi eksciis Esperanton? Kelkdek jarojn antaŭe troviĝis la rakonto pri Zamenhof en lernolibro. Sed oni povas diri, ke nun multaj homoj scias nenion pri Esperanto. Ni povas scii ĉion per interreto, sed unue homoj bezonas renkonti la vorton Esperanto. Ni kune pripensu, kion ni devas fari por diskonigi la ekziston de Esperanto al la publiko.

1
(1) 定期購読する	(2) 数	(3) 満たす	(4) 開ける	(5) 地域
(6) 北の	(7) 別に	(8) 贈り物	(9) 気がつく	(10) 階
(11) ～のまわりに	(12) 知っている	(13) 客	(14) 提案する	(15) 終わる
(16) 上手な	(17) 早く	(18) 肉	(19) すぐに	(20) 信頼する

2　2-1　(1) belaj fotoj　(2) bonajn amikojn
　　2-2　(1) kun　　　(2) al　　　(3) sur　　　(4) super
　　2-3　(1) kiun　　　(2) kie　　　(3) kiuj　　　(4) kion

3

　今年の夏、私たちエスペランティストはフランスの町リールで第100回世界大会を開催します。第1回世界大会は、リールから100キロ離れたブローニュ・スル・メールで1905年に行われました。当時は20か国から688人が集まりましたが、今回は3000人以上の人々が参加するだろうと予想されています。すでに約150人の日本人が参加登録をしたと聞きました。彼らはきっといつもよりも多くの、そして内容ある番組を楽しむでしょう。

4

　Ŝajnas, ke japanoj tre ŝatas sakurojn. Ĉi-jare multe pli frue ol kutime ekfloris sakuroj. Vizitis Japanion multaj turistoj ankaŭ el Ĉinio kaj aliaj aziaj landoj, kaj ĝuis la florojn. En Japanio troviĝas sakuroj de diversaj specoj, kaj mia plej ŝatata estas sakuro "Edo-Higan". Inter ili ekzistas arboj, kiuj vivas pli ol kelkcent jarojn kaj ĝojigas nin.

1　　　　　（1）好む　　　（2）方法　　　（3）明らかな　　（4）我慢強い　　（5）乾いた
　　　　　　（6）手に入れる（7）まじめに　（8）親類　　　　（9）別に　　　　（10）りんご
　　　　　　（11）役に立つ　（12）上手に　　（13）夢を見る　（14）教育する　（15）低い
　　　　　　（16）問題　　　（17）強く　　　（18）くつ（複数）（19）想像する（20）仕事

2　2-1　（1）kilogramojn（2）interesaj（3）amuzajn filmojn
　　2-2　（1）kie　　　　（2）kiu　　　　（3）kion
　　2-3　（1）dum　　　（2）por　　　　（3）en　　　　　（4）el

3

　　私たちエスペランティストは2か月前第100回世界エスペラント大会を祝いました。第1回世界大会から110年が過ぎたにもかかわらず、戦争によって引き起こされた中断のため、私たちはようやく今年この重要な瞬間に到達しました。

　　大会には、80か国以上から約2800名が参加しました。普通の人々は、いろんな国籍の人々がみんながひとつのことばで仲よく話すのがたぶん信じられないでしょう。しかし、それはほんとうのことです。私自身でそれを体験したのです。

4

　　Mi eksciis Esperanton kiam mi estis universitata studento. Ĝis tiam la angla lingvo estis la unu sola fremdlingvo kiun mi lernis. Kaj krome, mi ne ŝatis la lernadon de la angla.

　　Kompare kun la angla, Esperanto estas facile lernebla kaj la prononco estas klara, sed ni bezonas lerni serioze por ekmemori vortojn. Bedaŭrinde ne troviĝas Esperanto-societo en mia universitato. Mi esperas, ke mi mem daŭrigos la lernadon kaj iam partoprenos en Internacia Junulara Kongreso.

1　　　　　（1）所属する　（2）天候　　　（3）任務、役割　（4）勇気のある（5）言及する
　　　　　　（6）穏やかな　（7）繰り返して（8）愛想のよい（9）間もなく（10）おしゃべりする
　　　　　　（11）方法　　　（12）突然の　　（13）同意する　（14）近くの　　（15）きょう
　　　　　　（16）岩　　　　（17）場所　　　（18）数字　　　（19）議論する（20）表現する

2　2-1　（1）mortis　　（2）interesaj libroj
　　2-2　（1）Laŭ　　　（2）tra　　　　（3）el　　　　　（4）en
　　2-3　（1）kiujn　　（2）kie　　　　（3）kiu　　　　（4）kion

3　　ポーランドで見るべきところの一つはアウシュビッツだと私は思います。今年の夏、私はその場所を訪れる機会がありました。ご存知のように、その強制収容所では第二次世界大戦中にものすごい数の人々が殺されました。私はすでにそのことに関する本を読んだり映画を見たりしていましたが、私のショックは非常に大きなものでした。そこには今だに犠牲者に関わりのある物が残っています。私は彼らのために祈り、平和について考えました。

4　　Mi loĝis en malgranda urbo de la regiono Tohoku ĝis la aĝo de dek ok. Kaj mi translokiĝis al la urbo Jokohamo por studi en universitato. Jokohamo estis grandega urbo kaj ĉio estis freŝa por mi. Semajnfine mi ofte vizitis la parkon Yamasita. Tiam ankoraŭ ne ekzistis la distrikto Minato-Mirai. Mi tute ne imagis, ke post tridek jaroj tie okazos Universala Kongreso de Esperanto.

1　　　　　（1）戦う　　　（2）雑誌　　　（3）方法　　　（4）価値　　　　（5）気持ちよい
　　　　　　（6）約束する　（7）勤勉に　（8）数　　　　（9）文字　　　（10）信じる
　　　　　　（11）腕　　　　（12）議論する（13）努力する（14）地方　　　（15）せっけん
　　　　　　（16）上着　　　（17）野菜　　（18）乾いた（19）正直に（20）〜にもかかわらず
2　　2-1　（1）aĉetis　　　（2）siaj samklasanoj
　　　2-2　（1）sen　　　（2）Kun　　　（3）krom　　　（4）anstataŭ
　　　2-3　（1）kiuj　　　（2）kie　　　（3）kiun　　　（4）kion
3　　2か月前、中国で巨大地震が起き、15万人以上の人々が死にました。日本でもしばしば地震が
　　起きるため、わたしたちは地震のニュースには敏感です。科学者たちは、どうやって地震を予知
　　できるか研究を続けていますが、それはとても難しいことです。地震の前に動物たちがおかし
　　な行動をするということをよく聞きます。しかし、わたしたちがいつも動物たちを見ているこ
　　となんかできるでしょうか。
4　　Hieraŭ mi ricevis poŝtkarton el Roterdamo. Mia amiko partoprenis en Universala
　　Kongreso de Esperanto tie kaj sendis ĝin al mi. Oni diras, ke en la urbo Roterdamo
　　troviĝas multaj modernaj konstruaĵoj. Tamen, ŝi skribis, ke tie historiaj vidindaĵoj estas
　　malmultaj, ĉar la urbo estis detruita dum la Dua Mondmilito. Mi volas iam viziti la urbon,
　　kiam mi havos okazon.

エスペラント学力検定試験　3級筆記試験-8　解答

1　　　　　（1）深い　　　（2）底　　　　（3）岩　　　　（4）場所　　　　（5）かたまり
　　　　　　（6）楽しむ　　（7）生む　　（8）眠る　　　（9）気持ちの良い（10）流暢に
　　　　　　（11）なめらかに（12）絵　　　（13）鳥　　　　（14）定期購読する（15）買う
　　　　　　（16）あす　　　（17）少し　　（18）勇敢な（19）西の　　（20）あいさつ
2　　2-1　（1）dolĉajn kukojn　（2）vizitos
　　　2-2　（1）kontraŭ　　（2）por　　　（3）super　　　（4）en
　　　2-3　（1）kiun　　　（2）kiu　　　（3）kiu　　　（4）kion
3　　2004年12月26日は重要な日です。その日は、世界中の何千もの人々の記憶の中に生き続ける
　　でしょう。その日、「津波」ということばがアジアの多くの人々の日常生活に入り込みました。
　　　インドでは、死者の数はインドネシアと比べれば多くはないですが、損失は非常に大きなも
　　のでした。インドのある地域では、12800もの家族が津波の被害を被りました。
4　　Mi loĝas en granda urbo kaj troviĝas nur domoj ĉirkaŭ mia domo. Sed, kiam mi estis
　　lernanto de baza lernejo, mi loĝis en vilaĝo. En tiu vilaĝo fluas rivereto kaj troviĝas
　　lageto. Somere apud tiu rivereto flugis lampiroj kaj kiam venis nokto, lampiroj eklumis.
　　Mi ĝuis rigardi tion.

エスペラント学力検定試験　2級筆記試験-1　解答

一般問題

1　われわれが、とてもうるさい、そしてますますうるさくなっていく世界に住んでいることは否定できない。あらゆる場所で、交通騒音、ケータイの大声の会話、耳障りな音楽がわれわれの耳を悩ます。逃れられないのだ。

　　完全な静寂は、耳が全く聞こえないか、あるいは月の死の世界でなければありえないだろう。

　　もちろん、静けさが好きな人でも、小鳥の優しいさえずりとか、夏にミツバチがぶんぶんいうのとかが、まあまあの、それも時折の静けさをさえぎっても文句は言うまい。そもそも、こういう音は邪魔でもないし雑音とも考えられない。

　　まあ、私はもう若くなく、ディスコテークやキャバレーにあるような楽しみなるものを求めることはもうない。だから、このうるさい時代にはほとんど耐えられなくなっているのだ。私は自分の生活環境に多少なりと静けさを熱望している。

2　En mia knabeco mi interesiĝis pri steloj; mia revo estis rigardi stelojn per teleskopo. La lensa teleskopo konsistas el objektiva parto, okularia parto, tubo kaj tripieda parto. Ĉar tiutempe teleskopoj estis relative karaj, mi mendis nur la unuan kaj la duan, kaj petis de loka ladisto kunligi ilin per lada tubo. Kiam mi turnis la teleskopon al Saturno, mi povis klare observi ties ringon. Tio estas mia plej plezuriga sperto en mia juneco.

3　（1）esperanto　　（2）Sennaciulo　　（3）La Revuo Orienta

文法問題

1（1）de　（2）plu　（3）da　（4）sur　（5）en　（6）kun

2（1）kiu korektiĝis ⇒　kiuj kolektiĝis

　（2）pluvu ⇒　pluvos

　（3）necesas ⇒　bezonas

　（4）Irinte al Nagano urbo ⇒　Kiam mi iris al la urbo Nagano

　（5）なし、または　necesa ⇒　necese

3（1）koniは体験して、sciiは知識として、知っている。

　（2）akceptiは同意して、riceviは単に、受け入れる/受け取る。

　（3）dubiはそうでないと、suspektiはそうであると、思う。

小論文

　　よくある誤解に「エスペラントは人工語だから文学はない」というのがある。しかし、エスペラントが、文法がやさしいとはいえ、話しことばで人と人との間に商談から日常会話まででき、書きことばで政治談議からラブレターまであれば、その表現力をフィクションに活かし、人を感動させる作品を作り、あるいはその表現力をリズムに活かし、詩歌を作ることができるのは当然である。

　　もっとも、そういうと、「ではエスペラントに紫式部はいるか、シェークスピアはいるか」という意地悪い質問をしてくる人もいる。ノーベル文学賞候補にスコットランドのエスペラント原作詩人ウィリアム・オールドがいたことをあげてもよいかもしれない。しかし、例えば日本語や英語といった歴史ある言語に比べればエスペラント文学の層が薄いのは事実である。これは、百年余りという、歴史が若い言語の宿命であり、そのことを恥じる必要はない。むしろ、これからの潜在力に期待したい。それとともに、世界各地の文学のエスペラント訳がエスペラント文学を豊かにしていることを付け加えておくことも必要だろう。

エスペラント学力検定試験　２級筆記試験-2　解答

一般問題

1 （1）エスペランチストと言えば一般的に寛容で思いやりがあります。寛容と思いやりはエスペランチストであることに結びついています。それは、少なくとも私の国で言えば、ミルクが紅茶に対するようにです。私たちエスペラントの小世界でも、口げんか、論争、憎しみ、またそれに似たような状況が避けがたいのは明らかで、そういう場合は多少の寛容さと思いやりが救いになります。とは言え、私たちの間で、口げんかがなく、論争もなく、憎しみもないとなれば、私たちは人とは言えず、エスペラント自体が現実世界から遊離した全く人造のものとされるでしょう。

　しかし、エスペラント語について言えば、私たちは寛容を、そしてとりわけ思いやりを失いがちです。想像してみてください。あなたがお気に入りの椅子に座って、あるいはあなたのパソコンの画面でモナートの最新号を読んでいるとしましょう。突然、"… al mia gepatroj"（私の一人の両親に・・・）という文が出てきて、たまげてしまいます。ショックと恐怖にあなたは飛び上がり、「なんてことだ。編集部に物申さねば。」とわめきます。

　（2）"… al mia gepatroj"は"al mia[j] gepatroj"の誤植だから。

2 　Mi pasigis miajn lernejajn jarojn en la urbo Okitu kun ĉ. 14 000 loĝantoj, kiu poste fariĝis parto de la urbo Sizuoka. Loko kun milda klimato, fronta al la golfo Suruga, konsistanta el malvasta baseno de la rivero Okitu kaj mallarĝa zono inter maro kaj montoj. Tie iamaj ĉefministroj Itoo kaj Saionzi vizitis siajn vilaojn. La urbo estas al mi karmemora, kaj mi, loĝanta malproksime, ĉiujare vizitas ĝin okaze de kunveno de samklasanoj.

3 　東京都、横浜市

文法問題

1 （1）enまたはpri　（2）deまたはal　（3）pri　（4）Sur

2 （1）de Aomori gubernio ⇒　en la gubernio Aomori

　（2）Juĝante ⇒　Se juĝi または　Se oni juĝas

　（3）malantaŭ ⇒　post

　（4）ne eblas iri ankoraŭ ⇒　ankoraŭ ne povas iri

3 （1）Li estas 60 kilogramojn peza.　（2）Mi ellitiĝis je la sesa.

小論文

　エスペラントは、使用されるアルファベットがラテン文字であるという見た目だけではなく、ヨーロッパの種々の言語に共通する基本的な文法を整理して16条の規則にまとめ、単語も主としてヨーロッパの言語に共通しているものをたくさん採用していることから、ヨーロッパ的な言語であるという主張は間違っていないと思う。

　しかし、そのことは非ヨーロッパの人々がエスペラントを学ぶ上で、一部不利を被るところもあるが、私にはそれほどの問題とは思えない。ヨーロッパの言語の基本的な構造の理解に役立つし、エスペラントの特徴的な部分、たとえば造語法や接辞の豊富さなどは非常に論理的で、日本人にとっても学び易い。

　エスペラントがヨーロッパ的な言語であることで、エスペラントをいわゆる「踏み台」にして他のヨーロッパの言語を学ぶ際におおいに役立つ、ということが実証されている。その意味でも、エスペラントがヨーロッパ的な言語であるということを否定することはできないし、その必要もないいと思う。

一般問題

1　上の行動計画の一部であるスポーツも同様である。政府は国民にもっと運動せよと促したい。しかし、医学的な観点からは、3000歩余分に歩こう、というような計画は疑わしく思える。実際これが有効なためには規則的に実行しなければならない。肥満防止としての運動は、一定でかつ集中的である必要があり、たとえそうであっても本当に効果があるかどうか疑わしい。統計的に見れば運動する人は長生きする、とは言えても、こうして長生きする分の時間はトレーニング自身に必要な時間だ。つまり、時間を儲けたことにはならない。スポーツ医のなかにはそれにさえも疑いを抱く人も少なくない。最近の知見によれば、運動をする人は、長生きするわけではないが死ぬときはより健康である、と言うのだ。何ともこころつよいことだ。

2　Bonan vesperon, estimataj gesinjoroj. Mi estas SUZUKI Hanako, kvardekjara instruisto el Japanujo. Mi estas tre ĝoja viziti vian landon kaj urbon, kiel belan turisme tiel interesan kulture. Ĉu viaflanke iuj el vi iam vizitis Japanujon? Hm, estas kelkaj. Ĉar mi parolos pri Japanujo, tiuj vizitintoj bonvolos helpi min kun aldonaj informoj, mi esperas. Ankaŭ pri mia instruista vivo mi intencas rakonti.

文法問題

1　（1）×　　（2）〇　　（3）〇

2　-um-は定まった意味のない接尾辞で、主語根になにかしら関係のある語義をとる。一般にその語義は慣用により固定させる。

　　例：　amindumi, malvarmumo, krucumi, kalkanumo, okulumi

3　（1）kio→kiu: kiuは前の名詞（相関詞は-io系を除く）を、kioはそれ以外を受ける。

　　（2）dumil→du mil: centとdekは前のunu〜naŭの数詞と合わせて一語とするが、milはそうではない。

　　（3）文全体→Sekvos fakaj kunsidoj. :sekvanteの意味上の主語(fakaj kunsidoj)と主文の主語(ni)が一致していない。

　　（4）al Tokio→Tokion: atingiにはalではなく対格を用いる。

小論文

　　中学校側の担当教員とよく打ち合わせて、どのような話が望まれているのかをつかみ、また中学２年生の程度・興味をなるべく理解しておく。時間を超過して迷惑をかけないように準備する必要があり、かならず40分かけて練習しておく。以下一般論であるがエスペラントがどのような目的のものであり、どのような（言語的）特徴があり、どのように使われているかをかならず述べなければならない。字上符つき文字に触れてもよいが、例文にはなるべくローマ字読みできる文字のみを使用する。英語の学習程度を把握しておいて、英語より規則的なことを強調することも望ましい。また話者自身や知人の（エスペラントによる）得難い経験があればすすんで紹介する。

エスペラント学力検定試験　2級筆記試験−4　解答

一般問題

1　この本、Plena Manlibro de Esperanta Gramatiko (略称PMEG)は、エスペラントの文法、造語法、表記法、発音を学びたい普通のエスペランティストを対象としています。実用的な学習書であって、言語学者相手の理論的なものではありません。

　　この本の略称PMEGは多くpomegoと読まれます。

　　この本では易しく説明するつもりです。そのため文法的な表現として、新しい語を用いています。その方が、伝統的な用語よりもわかりやすいでしょう。対格、名詞、前置詞などよく使われる語でも、代わりにN-語尾、O-語、役割語としました。これは、伝統的な用語が悪いということではなく、この本では必要ないということです。

2　Mi vekiĝis je la sesa kaj rearanĝis litaĵojn. La vetero estis bela. Mi iom babilis kun samĉambranoj. Oni anoncis, ke la matenmanĝo estas preta. Mi manĝis kaj poste brosis la dentojn. Ĉar restis tempo, mi promenis ĉirkaŭe. Poste, ĉar mi estas en la Esperanta Seminario, mi iris al la lernoĉambro kaj lernis, lernadis. Estis interese. Antaŭtagmeza lernado finiĝis. Mi tagmanĝis kaj venis ĉi tien, la ekzamenejon.

3　(A)、　(C)、　(B)

文法問題

1　(1) En　(2) sur　(3) super　(4) El　(5) de

2　(1) paloras→parolas；Esperanton→Esperanto　（またはenを削除）

　(2) lin→sin

　(3) al la hospitalo→la hospitalon；minuto→minutoj

　(4) なし

　(5) Sendai urbo→la urbo Sendai

3　他動詞を自動詞に：　naskiĝi

　線動詞を点動詞に：　sidiĝi

　動詞以外の語を自動詞に：　sekiĝi

小論文

　　自己紹介の後にエスペラントの概要を述べる。文法が規則的であること、中立的な言語であること、使い道など。学びやすいことばであることは当然であるが、あまり強調しすぎないように。予習や復習が必要であることを注意する。テキストを使うとして、進度について、その講習でどこまで進むのか、どの程度のことができるようになるのかに言及する。エスペラントには詩もあるし、「ハムレット」や「雪国」の翻訳もあり、普通の言語ができることはできる。使いこなせるようになれば、（訪れた）外国人と"対等に"話せることも強調しておくべきだろう。

　　また、パスポルタセルボ、デレギート網、世界大会なども説明しておく。「パスポルタセルボ」や「デレギート」は仕方ないかもしれないが、この段階ではエスペラントの単語を使わないようにすべきだ。

　　言うまでもないが、講習生の自己紹介もお願いする。

エスペラント学力検定試験　2級筆記試験−5　解答

一般問題

1　初期のローマ帝国とキリスト教時代の始まりを舞台にした小説は非常に多い。たとえば『クオ・ワディス』がそうだ。La ŝtona urboもその一つである。しかしこの小説では元老院議員、皇帝の廷臣、軍人のいずれも主役ではなく、皇帝も（ネロが後ろの章に出てくるが、名前を引用されてさえいない）最後の方でかろうじて脇役で言及されているにすぎない。そういう意味で、私の経験から言って、この小説は独特である。実際これは、捕らえられ、奴隷となり、ローマへ運ばれ、ごく普通の所領所有者に買われたブリテン島の女性の生活と体験の物語である。つまり、帝国を「下から」見ていることになる。スパルタクスと反乱奴隷の小説でさえも、実際こういう観点には立っていない。

2　Supozeble vi interesiĝas pri via lingva nivelo de Esperanto. Estas malfacile scii ĝin en ĉiutagaj mem-aŭ kluba lernado kaj aktiveco. La ekzameno de JEI donas al vi bonan okazon ricevi koncernan informon en kvar niveloj: elementa, meza, supera kaj plej supera, nomataj de la 4-a ĝis la 1-a grado. La ekzameno konsistas ĉefe el demandoj tradukaj (el kaj en Esperanto), gramatikaj, parolaj, kaj ĉe la supera kaj la plej supera, priskribaj. Poste vi informiĝos pri via (mal)sukceso kaj eĉ pri poentoj. Do, volu ekzameniĝi.

3（1）Universala Esperanto-Asocio
　（2）Sennacieca Asocio Tutmonda
　（3）Japana Esperanto-Instituto

文法問題

1（1）○　（2）×　（3）○（注：普通は使わない。）　（4）×　（5）○　（6）○

2（1）目的語であることを示す：　Mi havas monon.
　（2）移動方向を示す：　Mi kuris en la domon.
　（3）前置詞を代用する：　Mi estas 80 kilogramojn peza.

3（1）belaj→bela またはĈio→Ĉiuj: ĉioは単数。
　（2）okulvitron→okulvitrojn: 単眼鏡でないかぎり複数形。
　（3）Antaŭ hieraŭ→Antaŭhieraŭ: 前者は「昨日より前のある時点で」を意味する。
　（4）prelegi→ke ŝi prelegu: Por –i"句の主語は主節の主語と一致。

小論文

　エスペラントに限らず、外国語を学ぶにはある期間、かなり集中して学ぶ必要があると思う。さらに、日々学習に向ける時間も、1回あたりはたとえ15分でも、毎日やることが大事だと思う。

　独習の場合は、1冊入門書を選び、いわゆる入門段階で必要な文法事項はきちんと覚えた上で、そこに出てくるエスペラント文はすべて繰り返し音読する。会話文があれば、会話らしく口に出して繰り返すことにより、簡単な会話ならできるという自信を得ることが大事と思う。さらに、目についた物をエスペラントではなんというのか、単語が浮かばなければすぐに辞書をひき、確認すること。気になる文章や新しい言い回しに出会ったときは、ノートに書き写しておくのもいい方法と思う。

　エスペラント会で他の仲間といっしょに学習する場合には、できるだけエスペラントでしゃべってみること。特にベテランエスペランティストや外国人のお客があるときは臆せずに話しかけてみること。幸いに、最近では音声教材がかなりたくさんあるので、どんどん聞いてみるのがいいと思う。エスペラントと接する時間をとにかく作り出し、音、文章に慣れるのが上達の早道であり、必要なことだと考える。

44

エスペラント学力検定試験　１級筆記試験−１　解答

一般問題

1　専門文献には廃棄物という用語にいくつかの定義が存在します。例えば、「廃棄物とは、所有者に所有の意志がない、あるいは整然と除去することが社会福祉の面から必要と考えられている動産です」。廃棄物の使われ方による二用語の「再利用（リユース）」と「再流通（リサイクル）」はよく混用されます。「再流通」とは、その材料が再び「生産・消費」の循環過程に、別の形態で入っていくことを意味します。「再利用」ないし「再使用」という用語は同じ循環過程の内だけで使うことを意味します。たとえば「再利用」の例は、ガラスビンを集めて再び飲料を詰めることです。「再流通」は、たとえばガラスをまったくべつの繊維に変形させ、その繊維で断熱用のガラス製のフェルトを形成することです。

2

（1）箸

Manĝobastonetoj: paro da bastonetoj, uzata por manĝi, de japanoj (kaj orient-azianoj). Per ili, oni disigas enbuŝigotan porcion da manĝaĵo, pinĉas kaj alportas ĝin al buŝo. Pinĉado kaj malpinĉado okazas per movo de fingroj.

（2）おにぎり/おむすび

Rizbulo: Rizo servata kuirite kaj formite kiel bulo, formo taŭga por konservi kaj porti en vojaĝo. Kutime oni enmetas garnaĵon, ekzemple peklaĵon aŭ parton de kuirita fiŝo por bongustigo.

3　Firmaa estro ja bezonas havi difektojn. Kun difektoj li havas ĉarmon. Kiam vi amike rilatas kun li, kaj sentas ke vi venkas, tiam vi sentas intimecon al li. Ne validas rezonaĵo. Kaj nia firmaa estro ja havas difektojn. Ĉu oni malfavoras lin pro la difektoj? Ne, li estas malofta ulo, tiom favorata de aliaj homoj. Li estas favorata ankaŭ de siaj subuloj. Li havas multe da difektoj. Pri tio bonege komprenas niaj firmaanoj, sed ne eldiras tion.

文法問題

1

（1）　tioは指示代名詞で、もともと話し相手は知っているが聞き手は知らないものを例示して
Tio estas mia libro./Tio estas miaj libroj. (あれは私の本です)のように使う（単数でも複数でもよい）。

　　　これに対してĝiは単数の人称代名詞であり、話し手だけでなく聞き手もĝiが指すもの（単数）がわかっているときに、Ĝi estas tre interesa. (それはおもしろいです)のように使う。

（2）　Pluvas. はもともと連続して「雨が降る」状態、つまり「雨が降っています」/「雨が降っている」を表す。だから、単にPluvas.でよい。ただ、どうしても降っていることを強調したい場合には-ant-を使うこともできるが、その際はEstas pluvante.とする。主語がない動詞を受けるときには副詞(-e)の形になる。

（3）　客観的には同じことを表し、どちらでも同じととられる場合もある。例えば、
10 estas pli malgranda ol 20./ 10 estas malpli granda ol 20.

　　　しかし人間の感性に訴える要素が---の部分にあると、ニュアンスがことなることがある。

　　　Lia ĉambro estas pli malgranda ol ŝia ĉambro.では部屋の小ささが話題で、もともと
「彼女の部屋が小さい」が前提であることが多いが、Lia ĉambro estas malpli granda ol ŝia

45

ĉambro.では大きさの比較であり、「彼女の部屋が小さい」というニュアンスはない。

（4）　用法の揺れはあるが、ふつうは単純に名詞の前に来る数詞が1以外のときは複数形にする。
　　　1,5 metroj,　0,3 metroj,　-2 metrojなどと。

2

（1）

　　1　容器、入れ物。例：akvo – akvujo

　　2　（民族の住む）国。例：japano – Japanujo，Japanioともいう。

　　3　木。例：rozo – rozujo, rozarboともいう。

（2）

　　①「出る」ことを意味する。例：eliri

　　②「完全に」を意味する。例：ellerni

（3）

　　①数量としての「一」。例：Restas nur unu botelo.

　　②人称代名詞で、特に複数の立場の人や物があるときの片方。複数形もある。

　　　例：Unuj personoj konsentis, sed la aliaj ne.

3

（1）Okazas manko de akuzativo, se la patr(in)a lingvo ne konas forme apartan akuzativon. Ekzemple, "Mi trinkis suko." Kaj　precipe okazas manko de　akuzativa adjektivo, se lernanto konscias pri akuzativa substantivo mem. Ekzemple, "Mi trinkis poma sukon." (gramatika eraro)

（2）La transitiveco/netransitiveco de iuj kutimaj verboj estas mala al tiu de Esperanto, kaj pro tio oni misdiras. Ekzemple "fermi" estas transitiva, sed oni diras: "La pordo fermis." anstataŭ "La pordo fermiĝis". (gramatika eraro)

（3）Etimologie samdevena vorto tamen havas alian sencon, sed oni ne rimarkas tion kaj eldiras ion en la senco de la similsona nacilingva vorto, t.e."falsaj amikoj". Ekzemple "kontroli" por la angla "control"(t.n. "regi").

小論文

（1）Tradukita japanlingva poezia literaturo en Esperanto

　　En la japana lingvo estas multaj fluoj de poezio, sed ĉi tie mi parolu pri la klasika poezio, nome "utao" (aŭ "tankao") kaj "hajko".

　　Jam estas multaj tiaj fiksformaj poemoj tradukitaj en Esperanton. Sed mi dubas pri la nuna tendenco, ke "tankao" estu tradukita en 31 silaboj, kaj "hajko" en 17 silaboj. Eĉ se tiel oni imitus la strukturon, la sona efekto de la japanlingvaj versoj kaj tiuj de esperantaj versoj ne samas. Tial, mi dezirus, ke prefere tankao aŭ hajko estu tradukitaj en certe mallongaj, sed blankaj, ne-fiksformaj poemoj.

エスペラント学力検定試験問題集　－解答付き－（2016年版）
La Ekzamena Demandaro de Japana Esperanto-Instituto　－ kun respondoj －

2016年４月10日　第一刷発行　定価　本体価格500円＋税
編者　　一般財団法人日本エスペラント協会研究教育部
発行者　鈴木恵一朗
発行所　一般財団法人日本エスペラント協会
　　　　〒162-0042　東京都新宿区早稲田町12-3

　郵便振替　　　：00130-1-11325
　電話　　　　　：03-3203-4581
　ファクス　　　：03-3203-4582
　電子メール　　：esperanto@jei.or.jp
　ホームページ　：http://www.jei.or.jp/
印刷・製本　株式会社サンワ

ISBN978-4-88887-094-8 C3087¥500E

ISBN978-4-88887-094-8

C3087¥500E